초등학생을 위한
맨 처음 과학
5

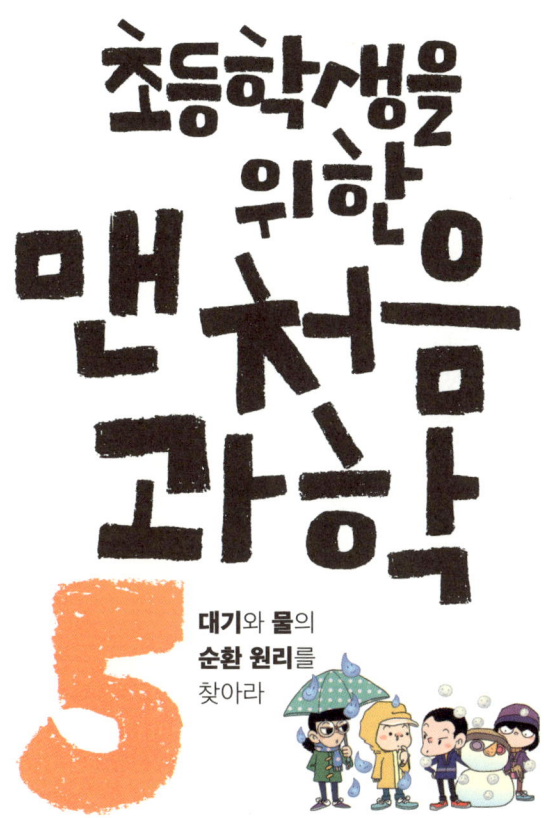

초등학생을 위한 맨 처음 과학 5

대기와 **물**의 **순환 원리**를 찾아라

김태일 글 | 마정원 그림 | 홍준의·최후남·고현덕·김태일 원작

초대하는 글

어린이 여러분, 과학 좋아하세요?

"네!" 하고 크게 대답하는 소리가 들리는 듯하군요.

그런데 이상하게 중학생만 되면 과학을 많이 어려워합니다. 싫어하는 과목으로 서슴없이 '과학'을 꼽기도 하고요. 이해하기 어렵고 외워야 할 것이 너무 많다나요. 과학을 가르치는 선생님으로서 참 안타깝고 마음이 무거웠답니다. 기본 원리만 잘 이해하고 과학적으로 생각하는 방법만 익히면 누구나 과학을 어렵지 않게 공부할 수 있을 텐데 말이죠.

이렇게 똑같이 고민하던 네 명의 과학 선생님이 모여서 "멋진 과학 교과서 하나 만듭시다!" 하고 만든 책이 바로 중·고등학생용《살아있는 과학 교과서》랍니다. 선생님들은 "어떻게 하면 아이들이 과학의 기본 원리를 익히고 과학적으로 생각하는 즐거움을 맛보게 할 수 있을까? 또 어떻게 하면 과학이 우리의 생활과 뗄 수 없는 관계라는 것을 느끼게 할 수 있을까?" 하는 질문에 대한 해결책을 책에 담고자 많은 노력을 했답니다.

《초등학생을 위한 맨처음 과학》은《살아있는 과학 교과서》를 초등학생 독자들도 알기 쉽게 만화로 만든 것이랍니다. 어려운 책을 단순히 만화로 바꾸기만 한다고 쉽게 이해되는 것은 아니겠지요? 그래서 만화로 만드는 과정에서 초등학생이 이해하기 어려운 부분은 쉽게 풀어내고, 새로 알아야 할 내용은 추가했답니다. 그리하여 초등학생에게 적합한 과학책으로 다시 태어났답니다.

《초등학생을 위한 맨처음 과학》에는 과학의 기본 원리나 과학적으로 생각하는 방식이 발명가 아저씨와 아이들의 대화 속에 자연스럽게 스며들어 있습니다. 아저씨와 아이들은 특별한 사람이 아닙니다. 여러분의 삼촌이나 이웃을 떠올리며 아저씨를 그렸고, 아이들도 바로 여러분의 모습을 담아냈습니다. 아저씨와 아이들은 좌충우돌하며 주변에서 일어나는 일에 대해 자연스럽게 고민하고 과학적으로 해결해 나갑니다. 이들의 대화 속에는 과학적 개념이 녹아 있으며, 과학적으로 생각하는 과정이 살아 있습니다. 여러분도 이렇게 과학을 공부하면 좋겠습니다. 책을 통해 알게 된 사실을 친구나 부모님과 자연스럽게 얘기를 나누는 과정이 바로 과학 공부지요.

이 책에는 과학 개념과 생각할 거리가 많이 들어 있습니다. 그렇다고 '과학 공부'만 앞세운 딱딱한 책은 절대 아니에요. 과학을 쉽게 배우는 동시에 이야기를 읽는 즐거움까지 느낄 수 있도록 애썼답니다. 독특한 성격의 아이들, 풍부한 상상력과 기발한 아이디어를 가진 아저씨가 날리는 한마디 한마디가 새로운 즐거움을 가져다줄 것입니다. 자, 이제 함께 과학이 펼치는 풍부한 이야기 속으로 빠져들어 볼까요?

2016년 9월
김태일

등장인물

발명가 아저씨

엉뚱한 상상력으로 희한한 발명품들을 만들지만 늘 실패한다.
동네 아이들에게 친절하게 과학을 설명하는 순수한 아저씨.

팽숙

전교 1등을 놓쳐 본 적이 없는 우등생.
하지만 잘난 체를 너무 많이 한다는 단점이 있다.

영배

조금 바보스럽지만 번뜩이는 생각을 많이 쏟아 낸다.
착하고 다정다감하다.

철수
영배의 단짝 친구. 축구를 좋아한다.
메시 같은 축구 선수가 되는 것이 꿈.

을미
조용하지만 과학에 대한 호기심이 많고
자연에 대한 감성은 누구보다 섬세하다.

덕구
발명가 아저씨네 집에서 사는 강아지.

차례

초대하는 글 　　　　　　　　　　　　　　　　4
등장인물 　　　　　　　　　　　　　　　　　6

1 인류의 밝은 미래를 위한 과학　　　　　10

2 날씨
- 01 대기권 　　　　　　　　　　　　　　26
- 02 기압과 바람 　　　　　　　　　　　　40
  - 눈 결정은 어떤 모양을 하고 있을까? 　52
- 03 물의 순환 　　　　　　　　　　　　　56
- 04 기후와 생물 　　　　　　　　　　　　70
  - 세계의 기후와 사람들 　　　　　　　82
- 05 일기 예보 　　　　　　　　　　　　　84
  - 이상 기후의 주범, 지구 온난화 　　　96
- 06 지구 내부의 열 순환 　　　　　　　　98
  - 지구 내부의 층상 구조 　　　　　　110

3 바다

01	해수의 성분	114
	챌린저호와 염류의 성분 조사	128
02	해류란 무엇일까?	130
	무지개 물탑 쌓기	142
03	조류란 무엇일까?	146
04	해양 생물	158
	극한 환경 속에서 생물들은 어떻게 살까?	172
05	바닷속에 숨겨진 자원들	174

세상을 빛낸 과학, 과학자들   184

1 인류의 밝은 미래를 위한 과학

오늘날 지구촌 곳곳에서 벌어지고 있는 크고 작은 전쟁 소식을 접하면 마치 첨단 무기의 경연장을 보는 것 같습니다. 무기들은 어마어마한 파괴력으로 인명을 살상하고 환경을 파괴하여 인류의 생존을 위협하고 있습니다. 자연을 지키고 인류의 삶에 공헌하는 과학이 되기 위해서는 무엇이 필요할까요?

❶ 과학의 발달과 전쟁 무기 개발

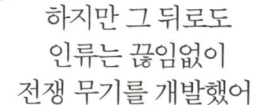

❷ 과학 성과물의 양면성

유대인 부모 사이에서 태어난 독일의 화학자 프리츠 하버는 '공기로 빵을 만든 과학자'라는 칭송을 받았습니다. 그는 공기 속에 있는 질소로부터 비료를 만드는 방법을 발견하여 인류의 식량 문제를 해결하는 데 크게 공헌했습니다.

그러나 하버의 뛰어난 과학적 두뇌는 안타깝게도 인류를 대량 살상하는 데도 쓰였습니다. 하버는 제1차 세계 대전이 일어나자 독일 정부를 위해 독가스라는 화학 무기를 개발했고, 공로를 인정받아 높은 지위에 올랐지요.

그가 개발한 독가스는 나치의 유대인 대학살에 이용되었고, 인류에게 용서받을 수 없는 죄를 저지른 악인이라는 비난에서 벗어날 수 없었습니다. 나중에 하버는 히틀러의 유대인 학살에 항의하다가 독일에서 추방되었지만, 이미 수많은 사람이 죽고 난 뒤였습니다.

인류에게 빛과 재앙을 동시에 준 하버의 생애는 과학의 성과물을 인류가 어떻게 이용해야 하는지, 그 과정에서 어떤 역할을 해야 하는지 잘 보여 주는 사례라고 할 수 있지.

❸ 과학 기술의 두 가지 모습

유전 공학의 눈부신 발전을 둘러싸고 찬반 논쟁이 일고 있습니다. 찬성하는 쪽은 유전 공학이 사람의 질병을 치료하고 식량 문제를 획기적으로 개선하는 데 기여할 것이라고 주장합니다. 그러나 반대하는 사람들은 그 기술이 악용될 경우 엄청난 문제를 불러올 위험이 있을 뿐 아니라, 생명의 윤리와 생태계를 지키기 위해서도 더 이상 유전 공학 연구를 진행해서는 안 된다고 목소리를 높이고 있습니다.

앞의 이야기들을 통해 알 수 있는 것처럼 과학은 야누스의 얼굴을 가지고 인류 역사에 이중적인 발자취를 남겨 왔습니다. 과학은 우리가 풍요롭고 편리한 생활을 할 수 있게 해 주지만, 인류의 생존을 위협하는 재앙을 가져오기도 했습니다.
특히 환경 문제, 에너지 고갈 문제, 핵무기 등은 과학을 맹신하고 자연을 분별없이 파괴한 데서 비롯되었습니다.

❹ 우리가 추구해야 할 과학

우리가 풍요롭고 행복한 미래를 위해 추구해야 할 과학의 모습은 어떤 것일까요? 그것은 인류의 평화와 복지에 기여하는 과학, 자연과 조화롭게 공존하는 과학이어야 할 것입니다. 그러기 위해서는 인류의 '과학적 능력'과 '사회적 능력'이 적절한 균형과 조화를 이루어야 합니다.

2 날씨

01 대기권 | 02 기압과 바람 | 03 물의 순환
04 기후와 생물 | 05 일기 예보 | 06 지구 내부의 열 순환

01 대기권

아폴로 11호의 우주 비행사들이 달에서 본 하늘은 지표에서 바라본 파란 하늘과 달리 낮에도, 밤에도 검은색이었다고 합니다. 달에서 보는 하늘과 지구에서 보는 하늘의 색이 서로 다른 이유는 무엇일까요?

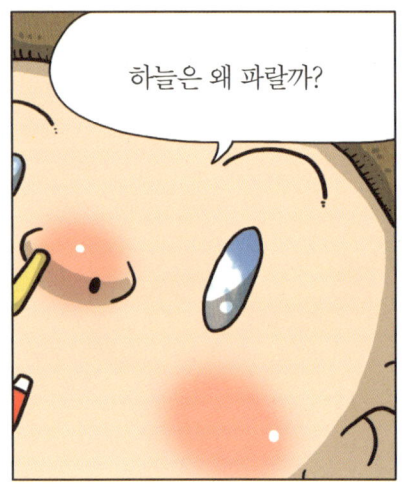

하늘은 왜 파랄까?

바보, 그것도 몰라?

응! 넌 알아?

그건 말이지, 하늘이 파란 이유는… 그러니까….

그러니까, 뭐?

❶ 지구에서 파란 하늘을 볼 수 있는 이유

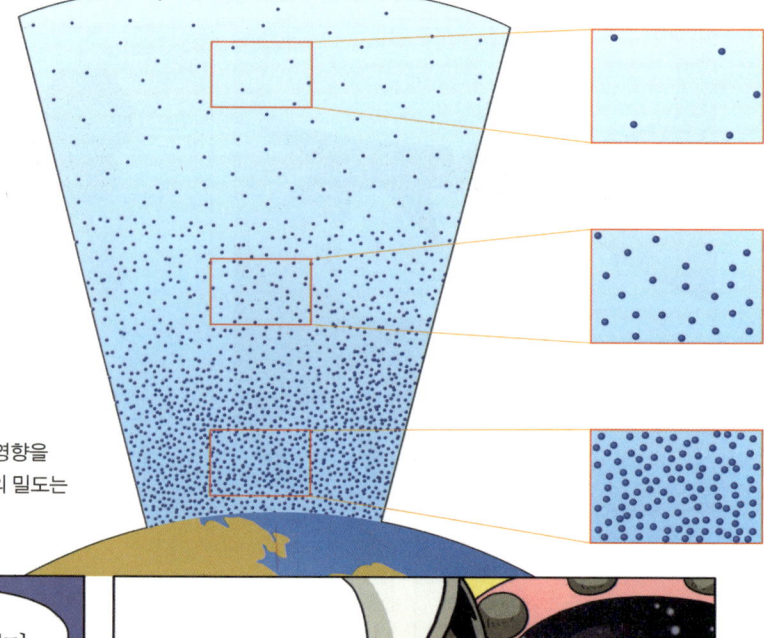

그러나 대류권을 지나 상공으로 이동할수록 대기의 밀도는 급격하게 감소하고

높이에 따른 대기 밀도
대기는 질량을 가지고 있어서 지구 중력의 영향을 받는다. 따라서 지표에서 멀어질수록 대기의 밀도는 급격하게 감소한다.

하늘의 색은 점점 어두워지며

열권에 이르면 까만 하늘에 별들만 총총 빛나는 모습이지.

37쪽 참고

이런 사실로 보아 밝고 파란 하늘을 볼 수 있는 것은 지구에 대기층이 있기 때문이라는 걸 알 수 있어.

내 덕분이야.

또한 별이 반짝거리는 것처럼 보이는 것도 대기 때문이야.

우주 공간에서는 별이 반짝거리는 것처럼 보이지 않아요.

낮에 보이는 파란 하늘
태양의 고도가 높아지면 햇빛이 대기층을 통과하는 거리가 짧아지며, 파장이 짧은 푸른색 빛이 흩어지면서 파란 하늘을 볼 수 있다.

아침·저녁에 보이는 붉은 노을
태양의 고도가 낮아지면 햇빛이 대기층을 지나는 거리가 길어지며, 파장이 긴 붉은색 빛만 주로 남아 하늘이 붉게 물드는 것을 볼 수 있다.

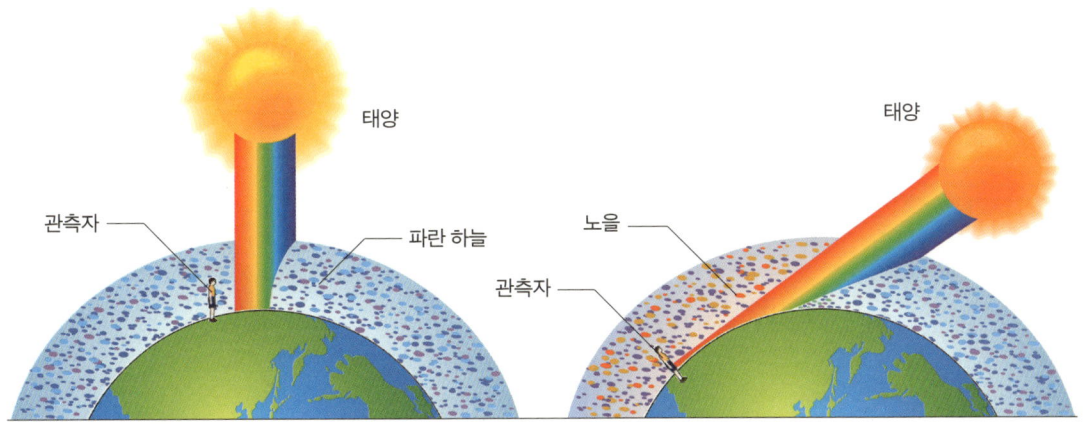

❷ 대기, 지구를 지켜 주는 방패

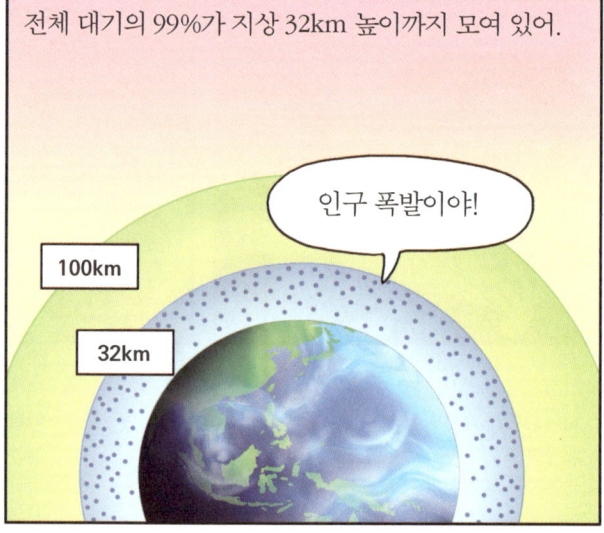

운석
운석은 지표에 떨어지는 동안 대기와의 마찰로 대부분의 물질이 불에 타서 없어지며, 주로 철 성분이 남기 때문에 크기에 비해 무겁다.

또한 지표에서 방출되는 열이 우주로 나가는 것을 막아 지표를 따뜻하게 하고

온실 효과를 통해 지구의 온도를 일정하게 유지시켜 주지.

온실 효과?

온실에 들어가면 특별히 난방을 하지 않아도 따뜻하잖아?

온실의 유리 지붕이 복사열을 반사시켜 기온을 상승시키는 것처럼

아, 따뜻해.

지구의 대기에 의한 보온 효과를 '온실 효과'라고 해.

대기층은 지구상의 생명체에 안전한 삶의 터전을 제공하고 있지.

고마워~

❸ 대기 중에 가장 많은 기체는?

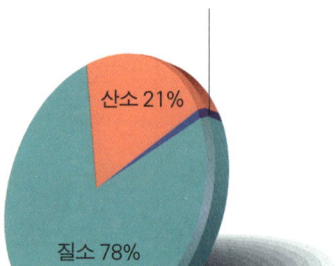

❹ 대기권의 층상 구조

에베레스트 산은 한여름에도 눈으로 덮여 있다. 높은 산이 평지보다 더 추운 이유는 무엇일까? 이는 지표에서 높은 곳으로 갈수록 기온이 낮아지기 때문이다. 대기층은 지표면에서 방출되는 열에 의해 가열되면서 온도가 상승한다. 따라서 지표에서 멀어질수록 기온이 낮아진다. 고도 약 10~12km에서는 기온이 낮아지는데, 이 구간을 '대류권'이라 한다.

그러나 그보다 높은 고도 50km까지는 다시 기온이 상승한다. 고도 약 20~30km에 오존(O_3) 기체가 밀집되어 있어 태양의 자외선을 흡수하기 때문이다. 이 구간을 '성층권'이라 한다.

한편, 고도 약 50~80km에서는 다시 기온이 낮아져서 대기권 중 최저 기온인데, 이 구간을 '중간권'이라 한다. 이보다 높은 곳은 태양의 직접적인 영향을 받기 때문에 기온이 계속해서 상승하는데, 이 구간을 '열권'이라 한다. 열권에서는 공기가 희박해 낮과 밤의 기온 차가 매우 크다.

이처럼 대기층을 온도의 분포에 따라 크게 4개의 층으로 구분하고 있지만, 다른 방법으로 구분하기도 한다. 고도 약 100km까지는 기체들이 고르게 섞이기 때문에 '균질권', 그보다 높은 곳에서는 공기가 희박하여 잘 섞이지 않기 때문에 '비균질권'이라 부르기도 한다.

오존

오존은 산소 원자 3개가 모여 이루어진 기체이다. 성층권의 오존은 태양의 자외선을 흡수하기 때문에 지구상의 생물체를 보호하는 역할을 한다. 성층권의 특정 구간에는 오존이 밀집되어 있어 이 구간을 '오존층'이라 부른다. 성층권의 오존의 양이 줄어들면 지구에 도달하는 자외선의 양이 증가하여 인류의 건강을 위협하고, 지표를 가열하여 지표면과 하층 대기 온도를 상승시킨다.

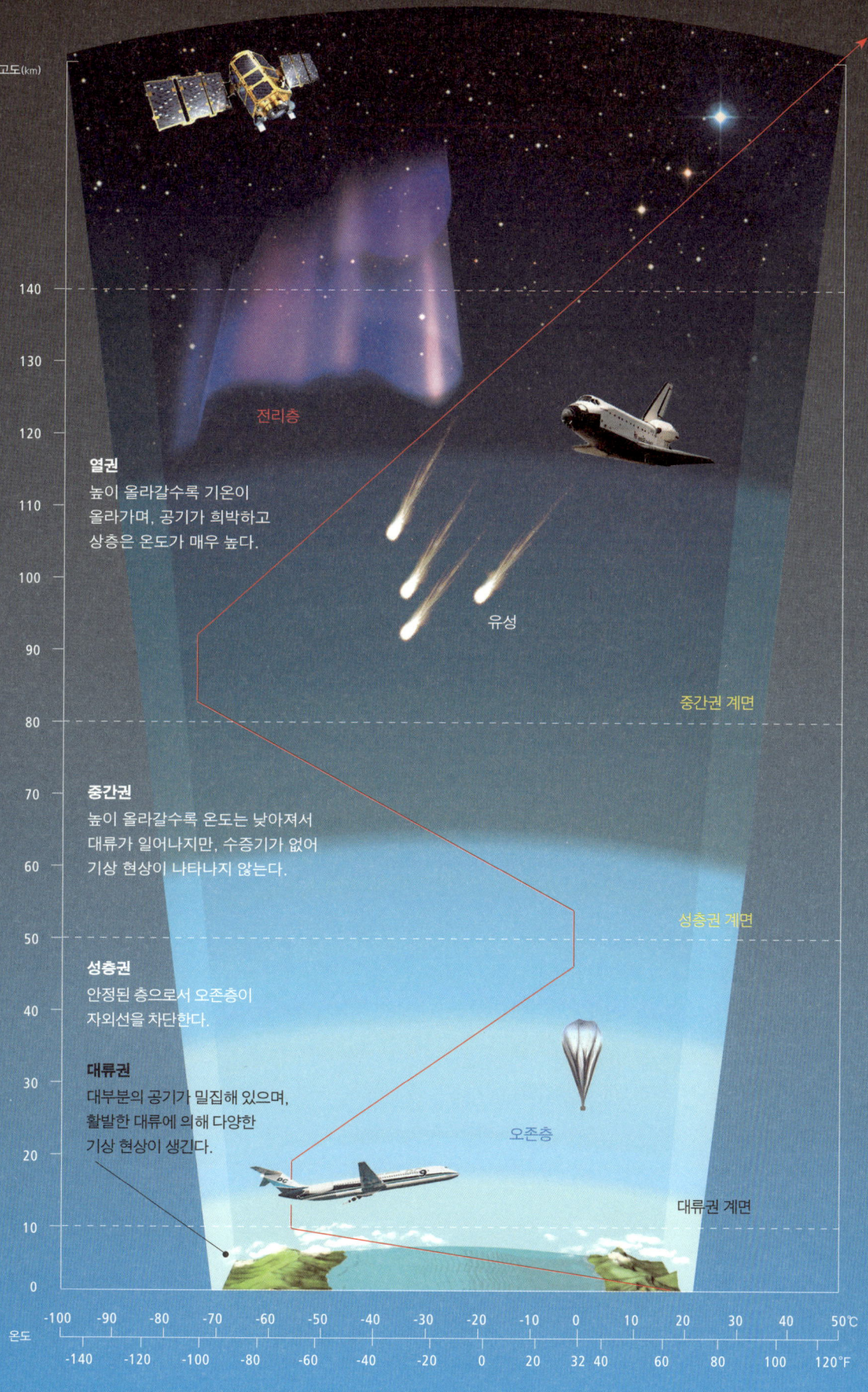

밤하늘의 매직쇼, 오로라

지구 자기장의 영향으로 양극 지역에는 태양에서 방출된 전기를 띤
대전 입자가 많이 모인다. 이 대전 입자들은 대기를 구성하는
산소나 질소 원자와 충돌하면서 원자들을 들뜬 상태로 만든다.
이렇게 생성된 이온들은 다양한 파장의 복사 에너지를 방출하는데,
질소는 푸른색이나 붉은색을 방출하며, 산소는 붉은색 또는 녹색을 방출한다.
모양도 다양하게 나타나서 커튼 모양, 호 모양, 띠 모양, 천 조각 모양으로
관측되기도 한다. 한편, 태양의 활동은 약 11년을 주기로 극대기가 나타나는데,
이 무렵에 오로라가 더욱 자주 발생한다. 오로라는 '극광'이라고도 부르며
동양에서는 멀리서 불이 난 것처럼 보인다 해서 '적기'라 부르기도 했다.

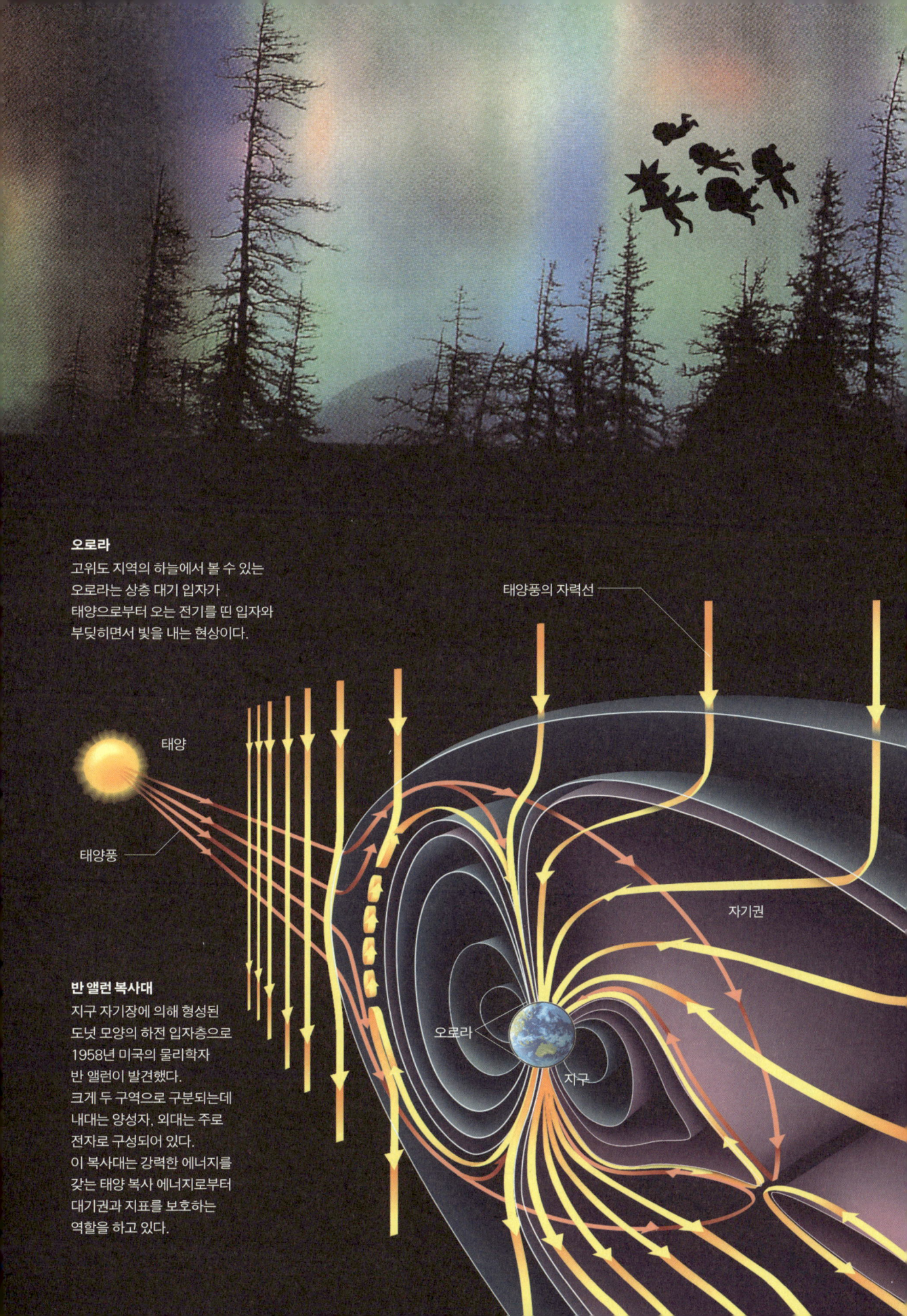

오로라
고위도 지역의 하늘에서 볼 수 있는 오로라는 상층 대기 입자가 태양으로부터 오는 전기를 띤 입자와 부딪히면서 빛을 내는 현상이다.

태양풍의 자력선

태양

태양풍

반 앨런 복사대
지구 자기장에 의해 형성된 도넛 모양의 하전 입자층으로 1958년 미국의 물리학자 반 앨런이 발견했다. 크게 두 구역으로 구분되는데 내대는 양성자, 외대는 주로 전자로 구성되어 있다. 이 복사대는 강력한 에너지를 갖는 태양 복사 에너지로부터 대기권과 지표를 보호하는 역할을 하고 있다.

자기권

오로라

지구

02 기압과 바람

센바람이 불면 가로수가 뿌리째 뽑히고 거리의 간판이 날아가기도 합니다. 초속 33m 이상의 센바람이 불면 사람이 날아갈 수도 있습니다. 바람은 어떤 원리로 불며, 그 정체는 무엇일까요?

❶ 기압이 생기는 이유

 | 여러분도 한번 해 보세요! |

① 책상 위에 신문지를 잘 펼칩니다.

② 신문지 밑에 나무젓가락을 넣습니다.

③ 플라스틱 자로 내리칩니다.

아직 읽지도 않았는데 누가 이렇게 다 펼쳐 놨어?

| 주의하세요! |

- 나무젓가락이 튀어 눈을 다칠 수 있으니 보안경을 쓰세요.
- 내리칠 때는 순간적인 힘을 가해야 합니다.

아, 생각났다. 공기가 가진 엄청난 힘은 예전에 게리케의 실험에서 배웠어요.

2권 26쪽 참고

그럼, 토리첼리도 기억하겠네?

그럼요!

토리첼리는 17세기 중엽에 대기압의 크기를 측정했지.

42 2 날씨

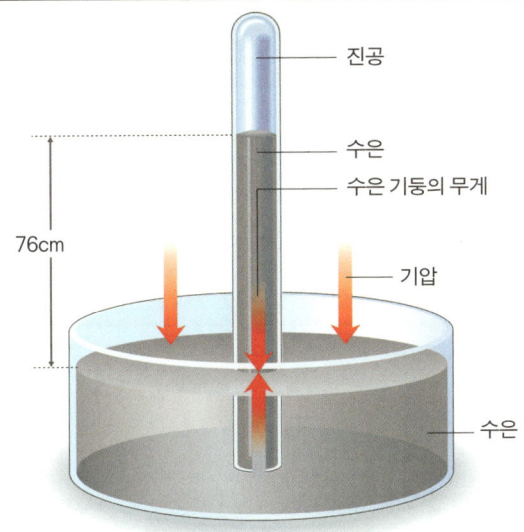

기압의 크기

단위 면적에 작용하는 수은 기둥의 무게는 외부에서 작용하는 기압의 크기와 같다. 1기압 상태에서 수은 기둥은 수은 면으로부터 76cm 높이에서 멈추며, 유리관의 기울기나 굵기에 관계없이 그 높이는 일정하다. 한편, 기압이 낮은 곳에서는 수은 기둥의 높이도 낮아진다.

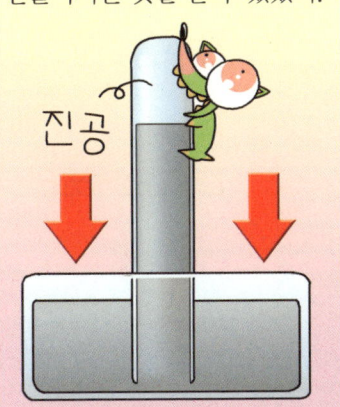

기압의 크기
단위 면적에 작용하는 공기 기둥의 무게를 '기압'이라고 한다.
지표에서 멀어질수록 공기의 양이 감소하기 때문에 기압도 낮아진다.

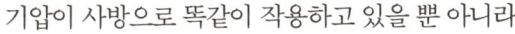
기압이 사방으로 똑같이 작용하고 있을 뿐 아니라

❷ 기압의 변화와 바람

아네로이드 기압계
진공 상태의 금속 상자가 외부 기압에 의해 찌그러지는 정도를 이용하여 기압을 측정한다.

수은 기압계
토리첼리의 실험 원리를 이용하여 기압을 측정한다.

중국 대륙에서 발달한 고기압이 우리나라 상공으로 이동해 오늘은 전국적으로 날씨가 맑겠습니다. 하지만 내일부터는 서쪽에서 다가오는 저기압의 영향으로 구름이 많아지고….

일기 예보를 보면 고기압이나 저기압이라는 말을 자주 듣지.

기압의 변화는 날씨 변화에 큰 영향을 끼치고, 기압은 또 시간과 장소에 따라서도 달라.

기압은 수은 기압계나 아네로이드 기압계 등을 이용하여 측정하지.

고기압의 형성
고기압은 냉각된 공기가 하강하는 곳에서 형성되며, 북반구의 경우 지표에 부딪힌 공기는 시계 방향으로 불어 나간다. 고기압 지역에서는 구름이 사라지며 날씨가 맑아진다.

저기압의 형성
저기압은 따뜻해진 공기가 상승하는 곳에서 형성되며, 북반구의 경우 부족해진 공기는 시계 반대 방향으로 불어 오면서 보충된다. 공기가 상승하는 동안 수증기의 응결이 일어나 구름이 생기고 날이 흐려진다.

❸ 주기적으로 부는 바람

바람의 종류

해안 지방에서 바다와 육지의 온도 차이 때문에 부는 바람을 해륙풍, 산악 지방에서 꼭대기와 골짜기의 온도 차이 때문에 부는 바람을 '산곡풍'이라고 한다. 또한 해양과 대륙의 온도 차이 때문에 여름과 겨울에 바람의 방향이 바뀌는데, 이를 '계절풍'이라 한다. 해륙풍과 산곡풍은 좁은 지역에서 부는 바람이고, 계절풍은 우리나라 전역에 영향을 끼치는 큰 규모의 바람이다.

1. 해륙풍: 낮에는 해풍, 밤에는 육풍이 분다.

해풍

육풍

2. 산곡풍: 낮에는 곡풍(골짜기→정상), 밤에는 산풍(정상→골짜기)이 분다.

곡풍

산풍

3. 계절풍: 여름철에는 해양에서 대륙으로, 겨울철에는 대륙에서 해양으로 바람이 분다.

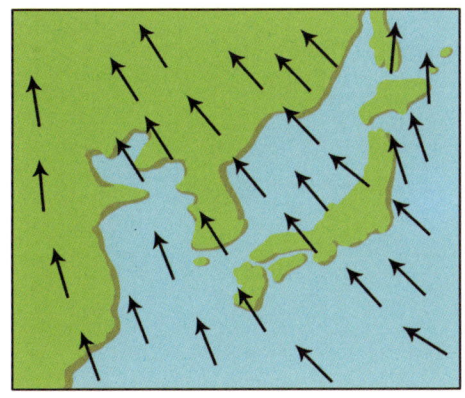

여름 남동 계절풍

겨울 북서 계절풍

 재미있는 과학 교실

눈 결정은 어떤 모양을 하고 있을까?

하늘에서 내리는 눈송이를 손에 받아서 잘 관찰하면 옆으로 삐죽 뻗어 나와 있기도 하고, 나뭇가지처럼 보이기도 합니다. 이것을 '눈 결정'이라고 합니다.
종이를 이용해서 여러 가지 모양의 눈 결정을 만들어 봅시다.

| 무엇이 필요할까요? |

가위, 육각 무늬 그림
(종이를 자르는 방식에 따라
여러 가지 모양의 눈 결정을
만들 수 있으므로 오른쪽
육각 무늬 그림을 여러 장
복사해서 사용합니다.)

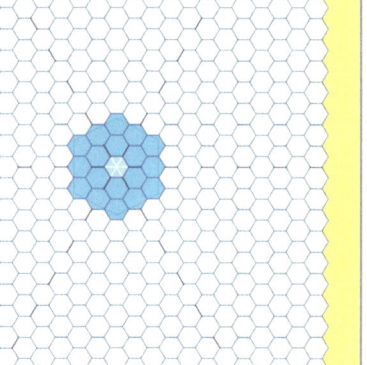

| 어떻게 만들까요? |

1. 육각 무늬가 그려진 종이를 여러 장 준비합니다. 준비한 종이를 한 장씩 사용해서 여러 가지 모양의 눈 결정을 만들어 봅시다.

2. 육각 무늬 종이를 그림과 같은 방법으로 여러 번 접습니다.

3. 아래 그림에서 색칠한 부분의 육각 무늬에 맞추어 가위질을 한 다음 흰 부분은 버립니다. 이때 종이를 자르는 방법에 따라 여러 가지 모양의 눈 결정이 만들어집니다.

4. 펼치면 완성된 눈 결정 모양이 나타납니다.

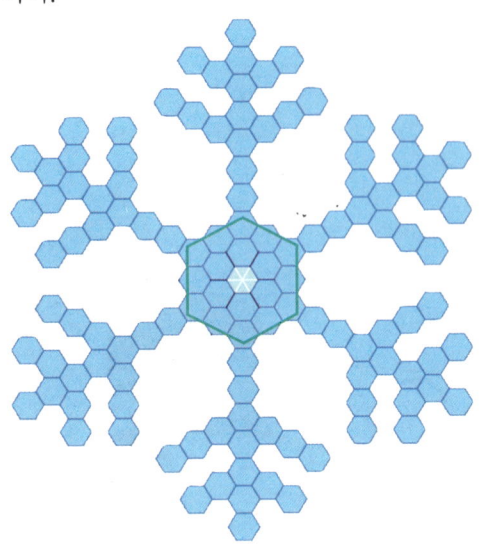

1. 여러 가지 모양의 눈 결정을 만들기 위해서는 육각 무늬 그림을 여러 장 준비해서 사용해야 합니다.
2. 육각 무늬 그림에서 색을 칠한 부분은 눈의 중심에 있는 작은 얼음 알갱이(중심 핵)가 되고, 흰 부분은 여러 가지 모양의 가지가 됩니다.

| 왜 그럴까요? |

눈은 구름 속에서 만들어져 아래로 떨어지는 얼음의 결정이랍니다. 얼음의 결정이라고 해서 냉장고 속에서 만들어지는 얼음과 같은 방식으로 만들어지는 것은 아닙니다. 냉장고 속의 얼음은 물이 얼어서 만들어지는 것이지요. 하지만 눈은 수증기가 고체인 결정에 들러붙어 커진 것이랍니다. 눈이 만들어지는 과정을 좀 더 자세히 살펴볼까요? 눈은 구름 속의 수증기가 빙정핵(작은 얼음 알갱이)을 중심으로 승화(기체에서 고체로 되는 상태 변화)되어 들러붙으면서 커지고, 여기에 계속해서 수증기가 들러붙기 때문에 결정이 점점 커지는 것입니다. 따라서 눈의 결정이 자라는 과정에서 수증기가 공급되는 정도와 온도에 따라 여러 가지 모양의 결정이 만들어집니다.

땅으로 떨어지는 눈 중에서 똑같은 모양을 하고 있는 것은 하나도 없습니다. 하지만 이들을 크게 몇 가지 모양으로 분류할 수 있답니다. 대표적인 모양에는 육각 프리즘 모양, 판 모양, 나뭇가지 모양, 바늘 모양이 있습니다. 이들을 하나씩 살펴보면 다음과 같습니다.

'육각 프리즘'은 가장 기본적인 눈 결정 모양입니다. 어느 면이 얼마나 빠르게 자라는가에 따라 눈 결정 프리즘은 '얇은 육각 판'이 되거나, 연필처럼 생긴 '가느다란 육각기둥' 모양이 되기도 합니다. 간단한 프리즘은 보통 너무 작아서 맨눈으로는 결정의 모양을 거의 볼 수 없습니다.

육각 프리즘 모양

'별 모양의 판'은 별 모양을 한 여섯 개의 팔을 가진 얇은 판 모양의 결정입니다. 각 면은 놀라울 정도로 정교하고 대칭적인 무늬로 장식되어 있습니다. '판 모양'의 눈 결정은 보통 온도가 영하 2℃ 근처이거나 영하 15℃ 근처일 때 만들어집니다.
'부채꼴 모양의 판'은 별 모양의 판에서 서로 옆에 있는 가지가 특별히 성장한 것을 말합니다.

판 모양

'나뭇가지 모양'의 눈 결정은 작은 가지들을 가진 눈 결정을 말합니다. 이들은 보통 2~4mm로 상당히 크기 때문에 맨눈으로도 쉽게 볼 수 있습니다. 돋보기를 사용하면 훨씬 더 자세한 모양까지 살펴볼 수 있습니다. '나뭇가지 모양'은 가장 인기 있는 눈 결정 모양으로 크리스마스 장식 등에서 자주 볼 수 있습니다.

나뭇가지 모양

'바늘 모양'은 가늘면서 기둥 모양을 한 얼음 결정으로 온도가 영하 5℃ 부근에서 성장합니다. 옷의 소매 자락에 내린 모습을 보면 작게 잘린 흰 머리처럼 보입니다.

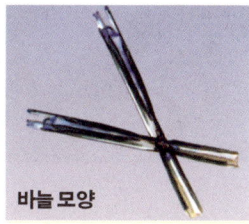

바늘 모양

03 물의 순환

뭉게구름·새털구름·먹구름…. 하늘에는 크고 작은 모습의 구름들이 떠 있습니다. 때로는 먹구름이 만들어지면서 비나 눈이 내리기도 합니다. 구름은 어떻게 만들어지고, 비나 눈은 어떤 과정으로 내릴까요?

아저씨, 뭐 하세요?

왔어? 빨래 널고 있지.

햇살이 참 아까워서 말이야.

❶ 증발과 응결이란 무엇일까?

❷ **구름의 발생과 종류**

이와 같은 과정에 의해 형성되는 구름은 공기의 상승 운동 정도에 따라 다양한 모습으로 나타나지. 상승 기류가 강할 때는 위로 솟아오르는 적운형의 구름이 만들어지고, 상승 기류가 약할 때는 주로 옆으로 퍼져 나가는 층운형의 구름이 만들어져.
또한 발달하는 높이에 따라 고층운·중층운·하층운·연직운으로 구분돼.
아주 높은 곳에 형성된 구름 입자는 기온이 낮기 때문에 얼음 알갱이로 존재하기도 하는데, 가을철에 자주 볼 수 있는 높은 곳의 구름들이 유달리 반짝거리는 것은
이 구름들이 얼음 입자로 이루어져 있기 때문이야.

❸ 비와 눈의 생성

강수 현상
중위도 지역에서는 성장한 구름 속에서 증발한 수증기가 얼음 알갱이로 승화하면서 눈 결정이 생성된다. 이 결정이 충분히 성장하여 그냥 떨어지면 눈이 되고, 지표 부근의 기온이 높아서 떨어지다 녹으면 비가 된다.

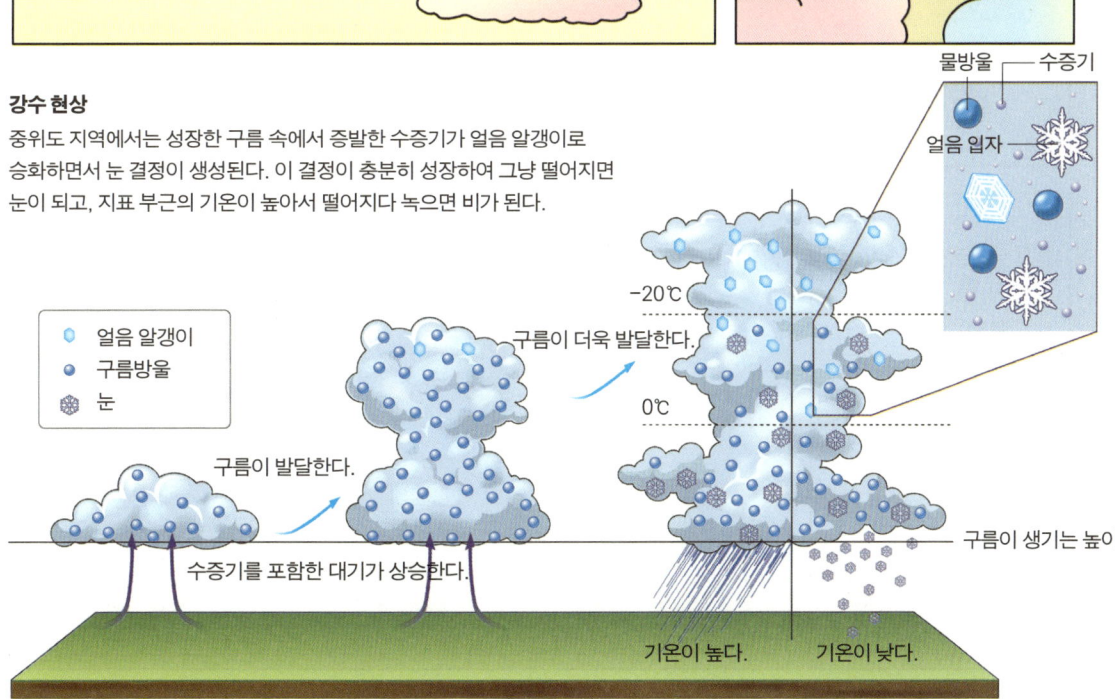

비가 내리는 과정은 크게 두 가지로 구분돼.

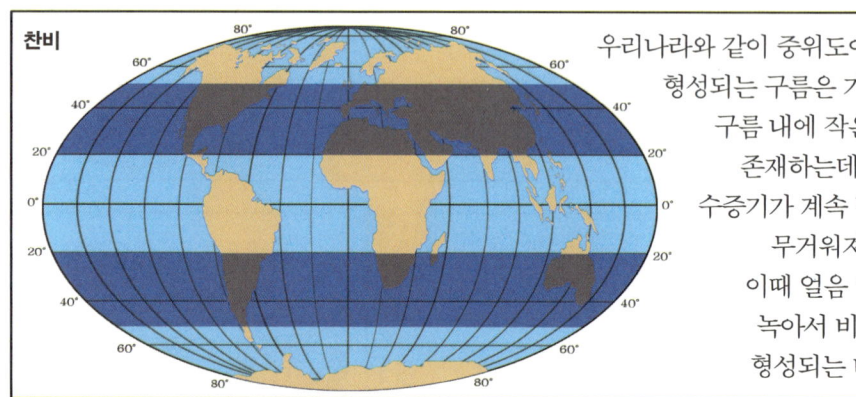

찬비

우리나라와 같이 중위도에 위치한 지역에서 형성되는 구름은 기온이 낮아. 따라서 구름 내에 작은 얼음 알갱이들이 존재하는데, 이 얼음 알갱이에 수증기가 계속 달라붙어서 커지면 무거워져서 아래로 떨어져. 이때 얼음 알갱이가 떨어지다 녹아서 비가 되지. 이와 같이 형성되는 비를 '찬비'라고 해.

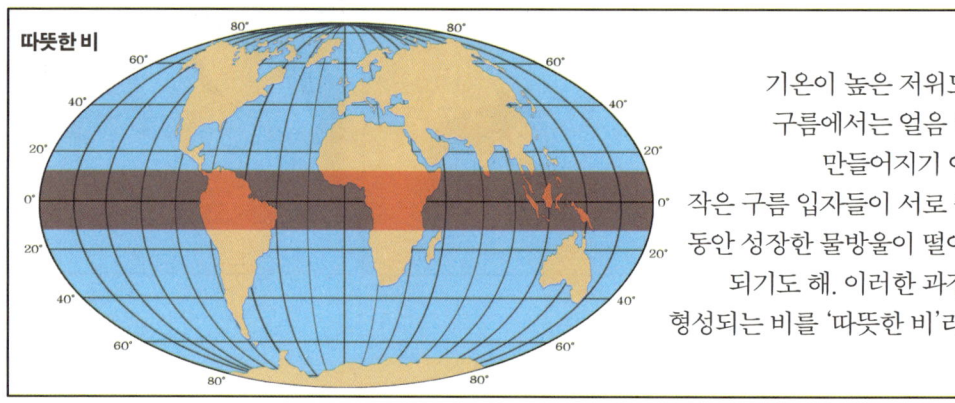

따뜻한 비

기온이 높은 저위도 지역의 구름에서는 얼음 알갱이가 만들어지기 어려운데, 작은 구름 입자들이 서로 충돌하는 동안 성장한 물방울이 떨어져 비가 되기도 해. 이러한 과정을 거쳐 형성되는 비를 '따뜻한 비'라고 하지.

눈은 구름에서 성장한 얼음 알갱이가 녹지 않고 그대로 떨어진 거야.

얼음 알갱이가 형성된 곳의 수증기량이나 기온 차에 따라 눈의 결정은 매우 다양하게 성장해.

또한 상승 기류가 강한 구름에서는 우박이 만들어지기도 하지.

이러한 전 과정을 '물의 순환'이라 하며, 이때 지표에서 대기로 에너지가 이동해.
결국 물의 순환 과정을 통해 지구가 열적 균형을 이루며, 그 과정에서 여러 가지 기상 현상이 일어나지.

❶ **안개** 지표 부근에 머무르던 수증기들이 지표의 냉각으로 인해 응결한 것으로 맑은 날 새벽 무렵에 잘 형성된다.

❷ **이슬** 공기 중의 수증기가 응결한 물방울이 나뭇잎이나 풀잎 등에 맺혀 형성된다. 이슬 역시 지표의 냉각이 잘 이루어지는 맑은 날 새벽에 생긴다.

❸ **서리** 기온이 낮아져서 이슬점이 영하가 될 때 수증기가 곧바로 승화하여 얼음으로 변해 형성된다. 서리는 농작물에 큰 피해를 입히기도 한다.

❹ **우박** 상승 기류가 강한 적란운에서는 구름 내에서 성장한 얼음 알갱이가 상승·하강 운동을 반복하면서 성장하여 우박을 형성한다. 우박은 상승·하강 운동을 반복하는 동안 투명한 층과 불투명한 층이 반복적으로 나타난다. 크기는 5~10mm에 이른다.

어, 첫눈…이네…?

보고 싶구나….

 과학 톡톡

수증기를 포함하고 있는 공기 덩어리가 상승하면 주위의 기압이 낮아짐에 따라 팽창한다. 그 결과 공기 덩어리의 기온이 내려가서 응결이 일어난다. 이 과정에서 공기 중에 작은 먼지 등이 있으면 응결이 더욱 잘 일어난다. 이와 같은 과정을 통해 작은 물방울들이 하늘 높이 떠 있는 것을 '구름'이라 한다.

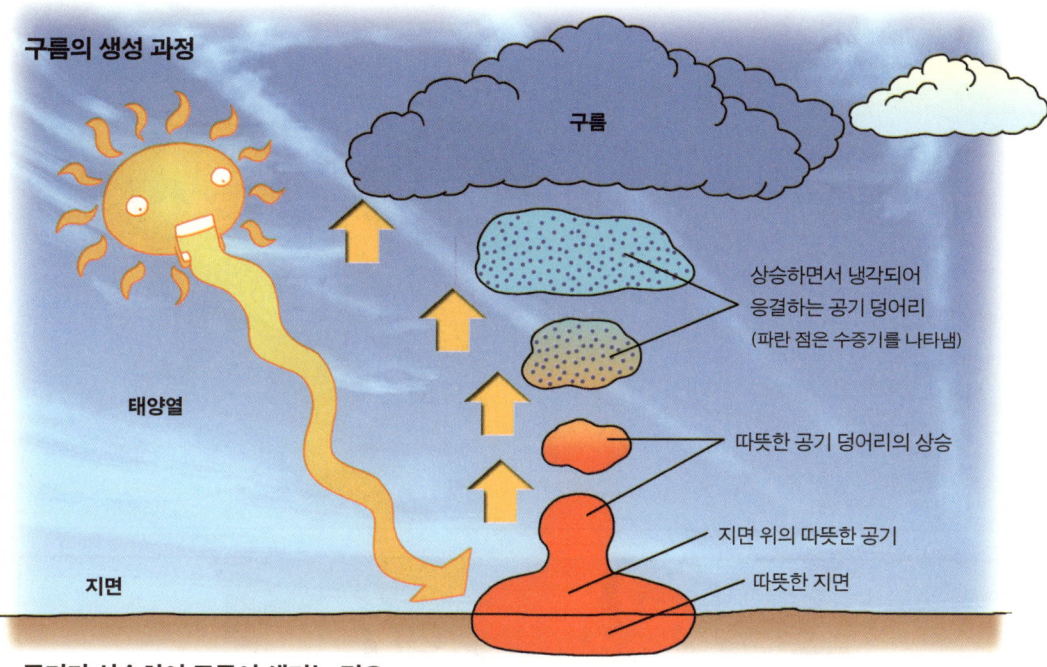

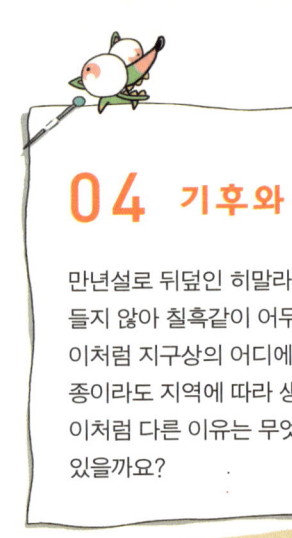

04 기후와 생물

만년설로 뒤덮인 히말라야 산꼭대기에도 거미가 살고, 빛이 들지 않아 칠흑같이 어두운 깊은 바닷속에도 생물이 살지요. 이처럼 지구상의 어디에나 생물들은 살고 있으며, 같은 종이라도 지역에 따라 생김새가 다릅니다. 생물의 분포가 이처럼 다른 이유는 무엇일까요? 기후와 생물은 어떤 관계가 있을까요?

❶ 기후에 따라 모습이 다른 여우

말이 나온 김에 여우 이야기를 좀 할까?

여우는 기후가 온화한 온대 지방뿐 아니라

매우 건조하고 일교차가 큰 사막 지역에서도 살지.

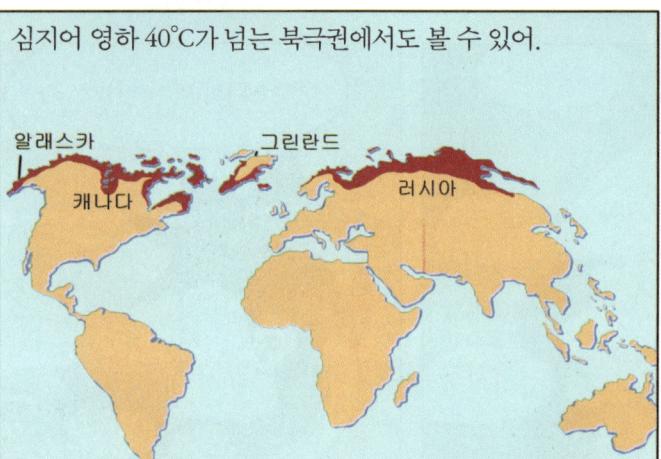

심지어 영하 40°C가 넘는 북극권에서도 볼 수 있어.

알래스카 그린란드
캐나다 러시아

이들 여우는 같은 종의 생물이지만 생김새가 약간씩 달라.

사막에서 사는 여우는 몸집이 작은 편이며, 귀가 얇고 꼬리와 다리는 몸통에 비해 가늘고 긴 편이야.

❷ 온도와 물이 생물의 분포를 결정한다

열대 우림	1년 내내 따뜻한 적도 지방에 형성되는 큰 밀림.	침엽수림대	침 모양의 잎을 가진 나무들로 이루어져 있다.
사바나	사자나 기린 등을 볼 수 있는 초지가 있고 수목이 흩어져 있다.	온대 활엽수림대	키가 큰 수목이 생장할 수 있는 충분한 양의 수분이 존재하는 지역이다.
사막	습도가 적어 일교차가 크다.	초원	대체로 나무가 없고 초본류가 발달한다.
지중해성 기후대	튼튼한 상록 잎을 가진 덤불이 밀집되어 있다.	툰드라	식물이 생장할 수 있는 북쪽 한계 지역과 만년설로 덮인 고지대에 위치한 지역이다.

세계의 기후

기후는 생물의 분포에 큰 영향을 미치는데, 특히 온도와 강수량이 결정적으로 영향을 끼친다. 이들은 식물의 분포를 결정하고 식물의 분포는 동물의 분포를 결정한다.

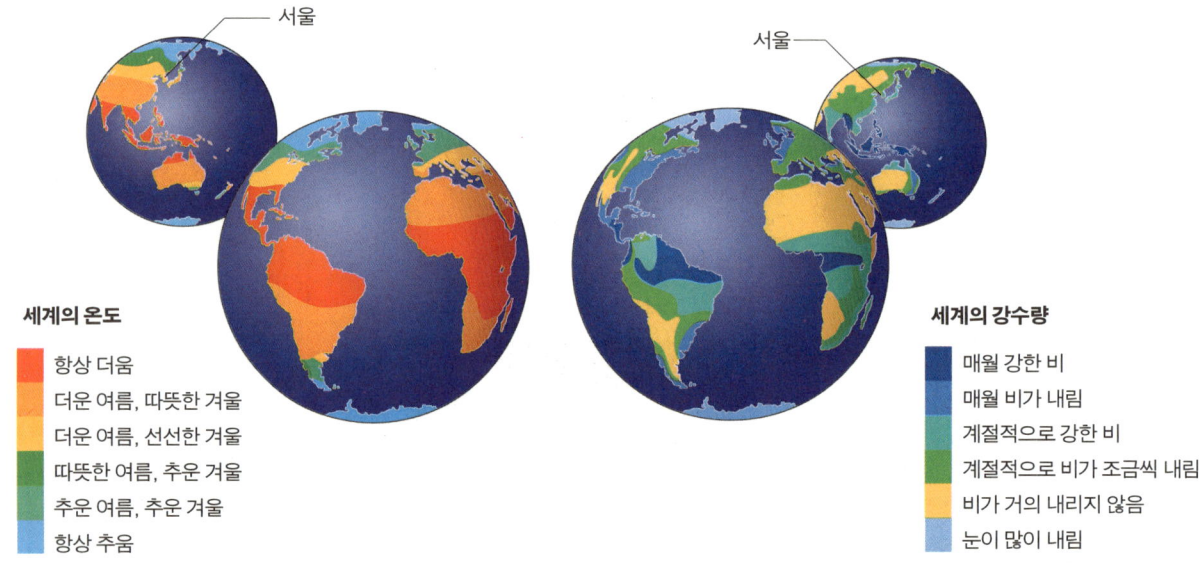

❸ 선인장의 잎이 가시 모양인 이유

사막과 같은 건조한 지역의 생물들은 물의 손실을 최대한 막아야 살 수 있어.

건조한 지역의 대표 식물인 선인장은 비가 올 때까지 적은 양의 물을 가지고 오랜 기간 살아갈 수 있도록 적응되어 있지.

잎은 가시 모양인데, 이는 동물들이 선인장의 어린잎을 먹지 못하게 함으로써 줄기 손상에 따른 물의 손실을 막아 주는 역할을 해.

먹고 싶다~ 먹고 싶다~

줄기는 두꺼운 층으로 덮여 있고, 물은 내부 조직에 있는 큰 세포에 저장되어 있지.

공기와 수증기의 출입이 일어나는 기공은 선인장의 줄기에 있으며

주로 낮에는 기공이 닫혀 있어 공기 중으로 수증기가 손실되는 것을 최소화하지.

❹ 몸속 물을 아끼는 캥거루쥐

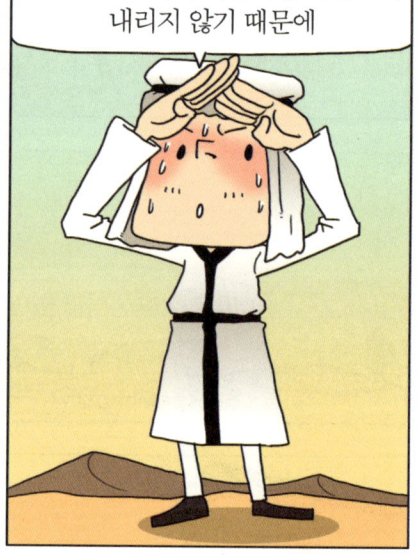

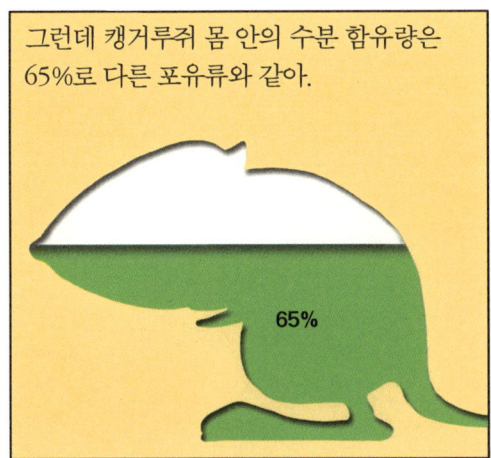

캥거루쥐
캥거루쥐는 건조한 사막 지대에 분포하는 포유동물의 일종이다. 거의 물을 먹지 않고 살지만 일반적인 포유류처럼 전체 구성 물질의 65%가 물로 이루어졌다. 캥거루쥐는 여러 가지 방법으로 물을 확보한다.

❺ 펭귄은 내복을 입고 있다?

| 생물의 분포 |

생물들은 세계의 전 지역에 고르게 분포하고 있는 것이 아니라, 특별한 서식지에 적응해서 살아가고 있다. 생물이 어떤 지역에 적응해서 살아가는 데는 많은 요소가 영향을 끼친다. 그중 가장 중요한 것은 기후 요소로, 이는 온도 범위와 강수량에 의해 결정된다. 예를 들어, 따뜻하고 많은 비가 내리는 열대 우림 지역은 수많은 생물 종이 살아가는 삶의 터전이다. 하지만 사막은 온도가 극단적으로 높고 낮으며 물이 부족하여 매우 적은 생물 종만 살고 있다.

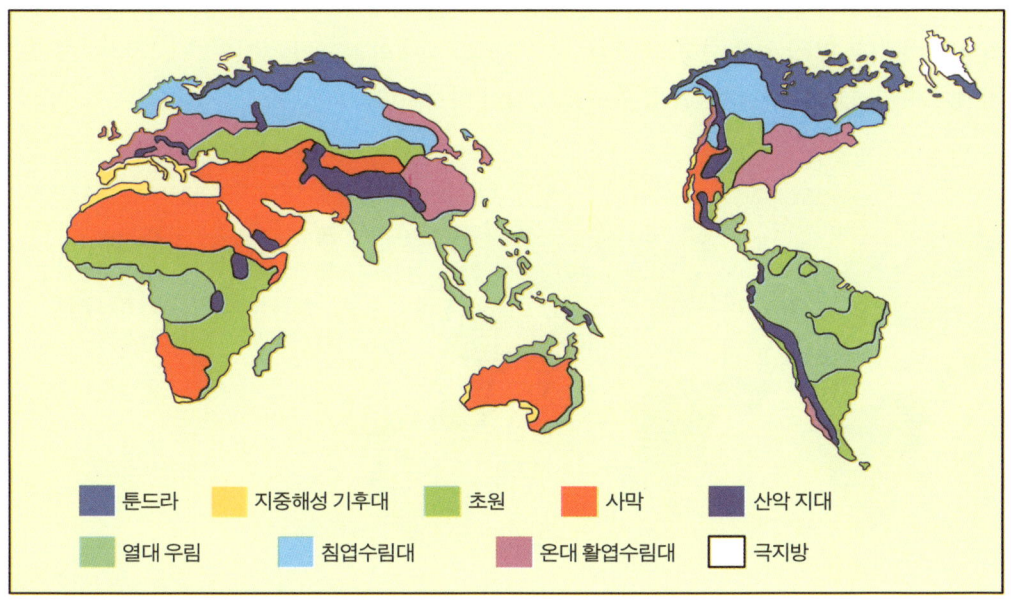

비슷한 기후에 따라 생태계를 분류할 수 있는데, 이를 '생물군계'라고 한다.
각 생물군계에는 특정한 식물과 동물 종들이 살고 있다. 위의 지도는 세계의 대표적인 생물군계를 나타내고, 아래의 피라미드 그림은 각 생물군계의 기후적 특징을 나타낸다.

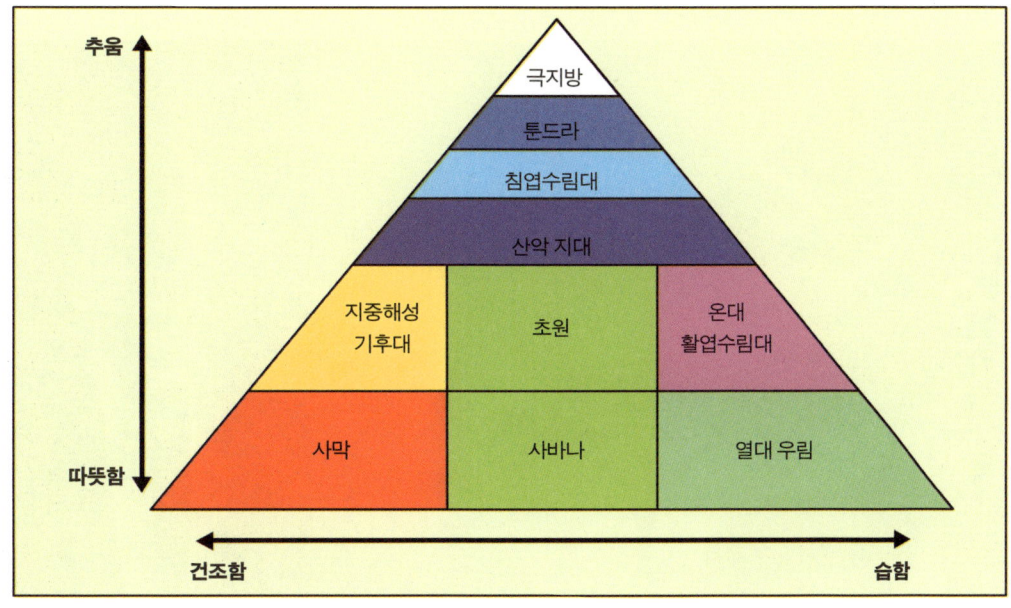

 교과서 밖 과학

세계의 기후와 사람들

각 지역은 환경 조건에 따라 독특한 생물 분포를 보이는 8개의 주요 생물 군집으로 나눌 수 있다. 대개 각 지역의 기온 및 강우량, 그 밖의 기후 조건에 따라 식생의 분포가 결정된다. 지리적으로 동떨어진 지역이라도 기후가 비슷하다면 같은 생물 군집이 형성된다.

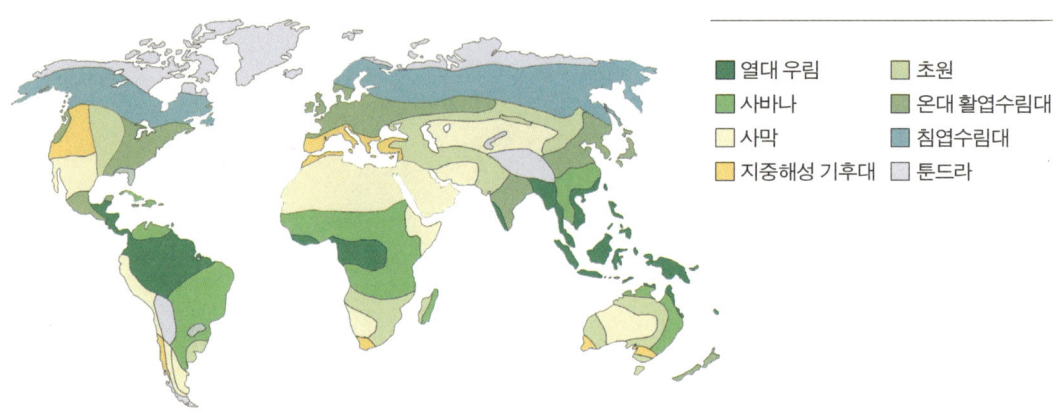

■ 열대 우림　■ 초원
■ 사바나　　■ 온대 활엽수림대
□ 사막　　　■ 침엽수림대
■ 지중해성 기후대　□ 툰드라

사바나 남북 양반구의 열대 우림과 사막 중간에 분포하는 열대 초원. 이 지역의 기후는 우기와 건기로 뚜렷하게 나뉜다. 건기에는 비가 전혀 내리지 않기 때문에 삼림이 자라지 못하고 시들어 버린다. 우기에는 비가 불규칙하게 내린다. 그러나 해에 따라 강수량의 차가 심해 2~3년 동안 비가 거의 오지 않는 경우도 있다. 비는 일반적으로 짧은 시간에 내리는 호우가 많다.

침엽수림대 '타이가'라고 부르기도 하며 겨울이 길고 춥다. 생장 기간인 여름이 짧으며 활엽수림대보다 강수량이 훨씬 적다. 광대한 습지가 존재한다.

열대 우림 연중 기온이 높고 많은 양의 비가 내린다. 낮의 길이가 11~12시간 정도 된다. 대표적인 지역으로는 아마존 강 유역이나 인도네시아 지역 등을 들 수 있다.

사막 낮 기온이 때때로 50℃ 이상을 웃돌지만 밤에는 종종 영하의 기온으로 떨어진다. 사막 지역은 극히 적은 강수량과 급속한 증발 현상으로 형성된다.

지중해성 기후대 겨울 동안 강수가 많고 온화하며 여름 동안 건조하고 뜨거운 날씨가 지속된다. 다년생 관목과 일년생 식물을 흔히 볼 수 있는데, 습기가 많은 겨울과 봄에 볼 수 있다.

초원 대체로 나무가 없고 비교적 추운 겨울 기온을 보이는 지역에 나타난다. 초원 지대는 가뭄과 화재가 주기적으로 일어나고 덩치 큰 포유류가 초목을 뜯어 먹어서 목질의 관목이 초원에 자리 잡지 못한다.

온대 활엽수림대 키 큰 수목이 자랄 수 있는 충분한 양의 수분이 존재한다. 기온은 영하 30℃에서 영상 30℃에 이르러 겨울은 몹시 춥고 여름은 매우 덥다. 강수량은 비교적 많고 대체로 연중 고르게 분포한다.

툰드라 짧고도 더운 여름철 동안에는 거의 하루 종일 낮이 계속되며 이때 식물들은 빨리 생장하고 꽃도 빨리 핀다. 식물이 생장할 수 있는 북방 한계 지역과 만년설로 덮인 고지대 아래 지역에 위치한다.

05 일기 예보

날씨는 우리의 일상생활에 많은 영향을 끼칩니다. 옛날 사람들은 날씨의 변화를 알아내기 위해 어떤 방법을 이용했을까요? 또한 오늘날에는 어떤 방법으로 날씨의 변화를 예측할까요?

이 그림은 《삼국지》에 나오는 '적벽 대전' 중 한 장면이야.

제갈공명이 하늘에 남동풍이 불게 해 달라고 기도해서 조조의 대군을 무찌른 이야기잖아요?

오옷!

❶ 개구리가 울면 비가 온다?

❷ **생활에 필요한 일기 예보**

❸ 일기 예보의 과정과 종류

기상 요소가 우리 생활에 영향을 끼치는 정도를 숫자로 표시하고, 10에서 100 사이의 값을 이용하여 상태를 나타내지.

❹ 기후 변화

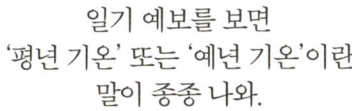

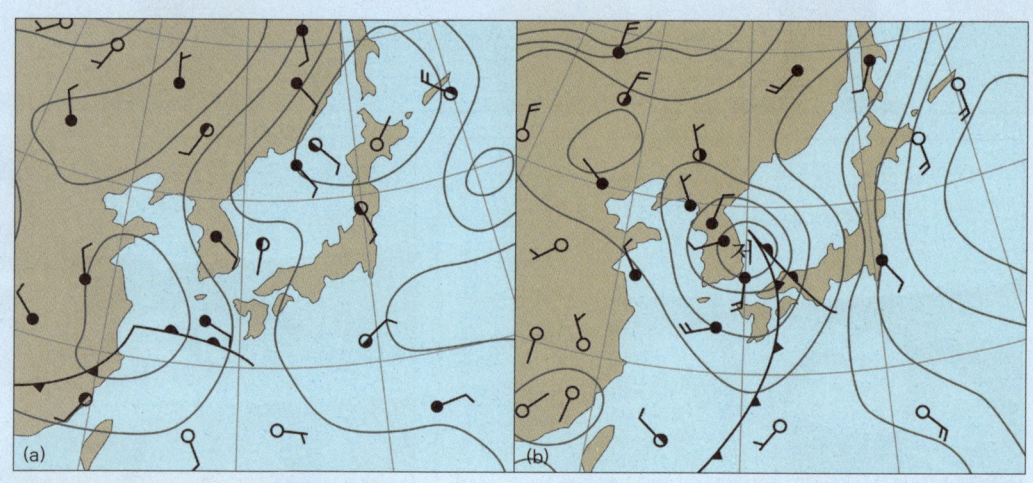

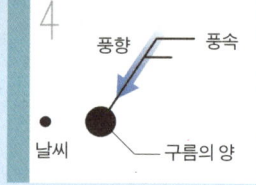

일기도용 기호와 일기도 해석

일기도는 여러 곳의 관측소에서 관측한 자료들을 바탕으로 일기 상태를 나타내기 위해 작성한 지도이다. 일기도는 기압이 같은 곳을 곡선으로 연결하는 등압선을 그리고 각 지역의 일기 상태를 여러 가지 기호를 이용하여 나타낸다. 일기도용 기호들을 잘 이해하고 있으면 일기도에 나타난 각 지역의 일기 상태를 이해할 수 있다. 각 지역에 표시된 일기도용 기호에는 그 지역의 날씨, 구름의 양, 바람의 방향과 세기가 나타나 있다. 즉, 위 그림 (a)의 경우 서울 지역은 날씨가 흐리고 남동풍이 5m/s로 불고 있으며, (b)의 경우 우리나라 부근에 저기압의 중심이 위치하고 있어 전국이 흐리다. 그리고 서울 지역은 서풍이 5m/s로 불고 있으며, 부산 지역은 남풍이 10m/s로 불고 있다.

일기 예보가 나오는 과정

기상청에서는 전국의 기상 관측소와 기상 위성 등에서 보내오는 수많은 기상 자료를 모아서 분석한 다음, 일정한 시간마다 일기도를 작성하여 일기 예보를 발표한다. 일기 예보에는 3시간 단위로 하루 동안의 날씨를 예상하는 일일 예보, 일주일이나 한 달 동안의 날씨를 예상하는 주간 예보와 월간 예보가 있다.

① **기상 실황 파악** : 각종 관측 기기를 이용하여 풍향·풍속·습도·온도·구름의 양 등을 측정한다.
② **자료 처리** : 통신용 컴퓨터를 이용하여 각종 기상 자료를 수집·편집·가공하여 분석용 컴퓨터로 보낸다.
③ **분석 및 예보** : 수집된 기상 자료를 분석하여 각종 일기도와 예보 자료를 작성한다.
④ **일기 예보 발표** : 방송이나 언론, 인터넷, 일기 예보 안내(131) 등으로 일기 예보를 발표한다.

 교과서 밖 과학

이상 기후의 주범, 지구 온난화

영화 〈투모로우〉는 지구 온난화 문제를 사실감 넘치는 화면으로 묘사해 화제를 몰고 온 작품이다. 지금처럼 지구 온난화가 계속된다면 영화 〈투모로우〉처럼 새로운 빙하기가 도래할까? 과학자들은 이처럼 급격한 기후 변동은 오지 않을 것이라고 하지만 세계 곳곳에서는 지구 온난화로 기상 이변이 속출하고 있다. 대기 중에 포함된 이산화 탄소는 태양 복사 에너지를 잘 통과시키지만, 지구가 방출하는 복사 에너지는 흡수한다. 이산화 탄소가 마치 온실의 유리와 같은 역할을 하면서 지표의 온도를 높이고 있는 것이다. 이를 '온실 효과'라고 하며, 이산화 탄소와 같은 기체를 '온실 기체'라고 한다. 온실 효과로 인해 지구 표면의 온도는 계속해서 상승하고 있는데, 지구 온난화는 지구 전체의 평균 기온이 올라가는 것을 말한다.

온실 기체에는 이산화 탄소 외에도 수증기와 메테인 등이 있다. 이 중에서도 화석 연료의 사용 증가에 따른 이산화 탄소의 농도 증가가 온실 효과에 큰 영향을 끼친다. 즉, 석유나 석탄과 같은 화석 연료는 주로 연소시켜 에너지로 사용하게 되는데, 이때 열과 함께 이산화 탄소가 발생한다. 따라서 화석 연료를 열에너지로 이용할 경우 이산화 탄소가 반드시 발생한다. 지구의 기온은 지난 20년간 약 0.3~0.4℃가 올라갔으며, 지난 100년 동안 0.4~0.8℃ 올라갔다고 한다. 결국 지구 전체가 점점 따뜻해지고 있는 것이다. 많은 학자가 세계 곳곳에서 일어나는 이상 기후를 지구 온난화에 따른 이상 현상으로 보고 있다. 일반적으로는

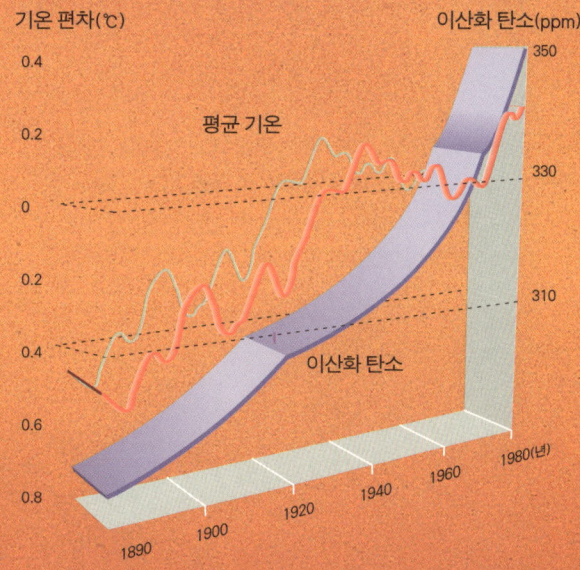

이산화 탄소 농도와 평균 기온 변화
대기 중의 이산화 탄소 농도는 산업 혁명 이후 공업 활동으로 인한 화석 연료의 사용 증가로 배출량이 증가하면서 급격히 늘었다. 그 결과 평균 기온이 상승하는 것을 볼 수 있다.

30년 동안의 평균적 일기 상태를 '기후'라고 하며, 기후를 통해 대략적인 일기 상태를 예측하기도 한다. 그런데 과거 30년 동안 한 번도 관측되지 않았던 특징적인 기후 변화가 나타나는 경우를 '이상 기후'라 한다. 물론 이상 기후에는 지구 온난화 외에도 해수면의 비정상적인 온도 변화, 태양 활동의 변화에 따른 태양 복사 에너지양의 변화, 화산 활동에 의한 일사량의 감소 등도 영향을 끼친다. 이상 기후는 보통 한 달 이상 평년과 다른 기후가 나타날 때를 가리키며, 짧은 기간 동안에도 중대한 영향을 끼친다.

앞으로도 지구 온난화는 지속될 것으로 보인다. 그러면 양극 지역의 빙하가 녹으면서 해수면이 상승할 것이고 육지의 면적은 점점 더 좁아질 것이다. 그리고 영화 속 장면처럼 전 세계적으로 최악의 기상 재해가 나타날지도 모른다. 또한 달라진 수륙 분포는 자원의 부족 현상이나 생태계의 변화를 가져오며 결과적으로 지구를 황량한 세계로 만들고 말 것이다.

위 아르헨티나 파타고니아의 업살라 빙하 지대(1928년).
아래 호수로 변한 아르헨티나 파타고니아의 업살라 빙하 지대(2004년).

06 지구 내부의 열 순환

지구 곳곳에서 일어나고 있는 화산 활동으로 1,000℃가 넘는 뜨거운 마그마가 지각을 뚫고 격렬하게 분출하는 것을 보면 지구 내부가 얼마나 뜨거울지 짐작할 수 있습니다.
지구 내부에서는 어떻게 열이 발생하여 이동하는 것일까요?

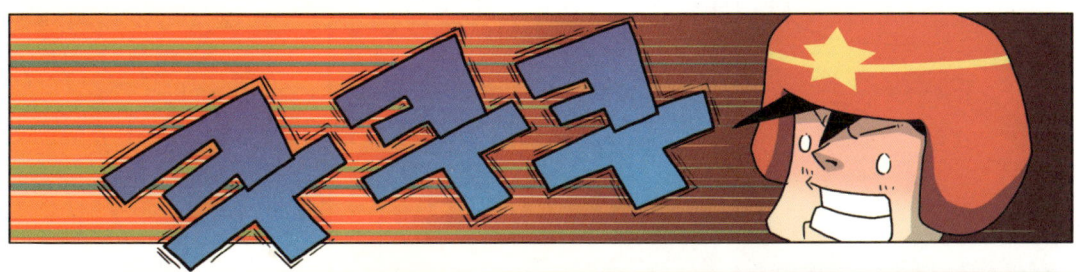

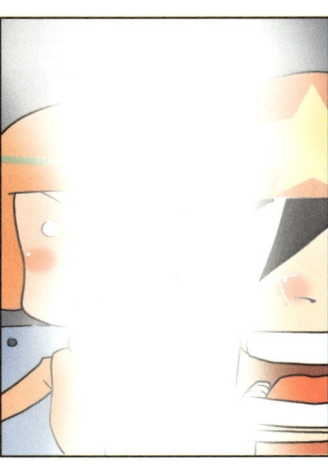

❶ **지구 내부는 어떻게 생겼을까?**

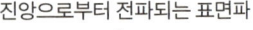
진앙으로부터 전파되는 표면파

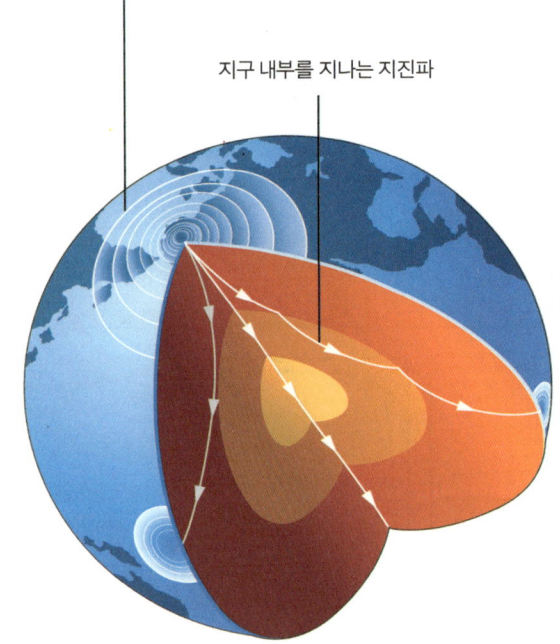
지구 내부를 지나는 지진파

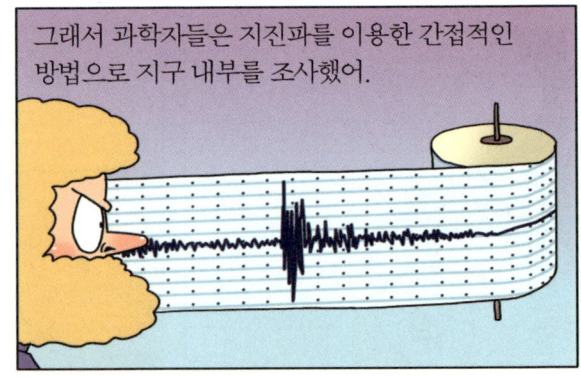
그래서 과학자들은 지진파를 이용한 간접적인 방법으로 지구 내부를 조사했어.

지진파는 지구 내부를 통과하며 내부 상태에 따라 전파 속도가 달라지므로 지구 내부를 알 수 있는 가장 확실한 방법이지.

지진파 연구를 통해 밝혀진 지구 내부는 중심부로 가면서 지각·맨틀·핵의 층상 구조를 이루고 있지.

하부맨틀
외핵
내핵

또한 지구 내부로 갈수록 온도와 압력이 증가해.

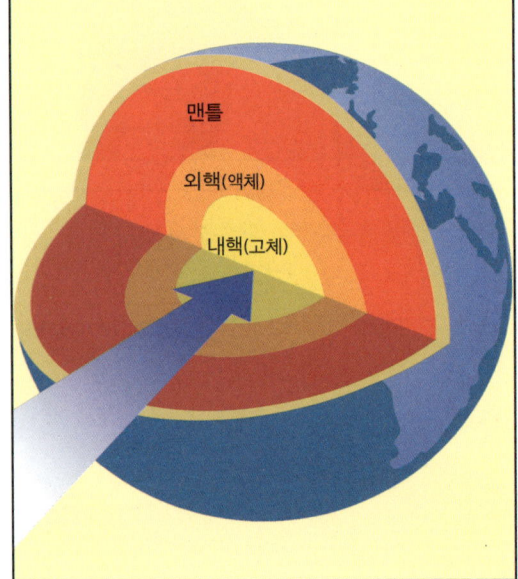
맨틀
외핵(액체)
내핵(고체)

지표의 여러 곳에 직접 구멍을 뚫어 조사한 결과, 100m 내려갈 때마다 약 3℃씩 온도가 올라가고, 지구의 반지름은 약 6,400km이니까 지구 중심부의 온도는 19만 2,000℃로 예측할 수 있지. 하지만 지진파의 속도 분포나 고온·고압 상태에서 물질의 특성 등을 이용하여 알아낸 지구 중심부의 온도는 대략 6,000℃ 정도야.

❷ **맨틀의 대류 운동**

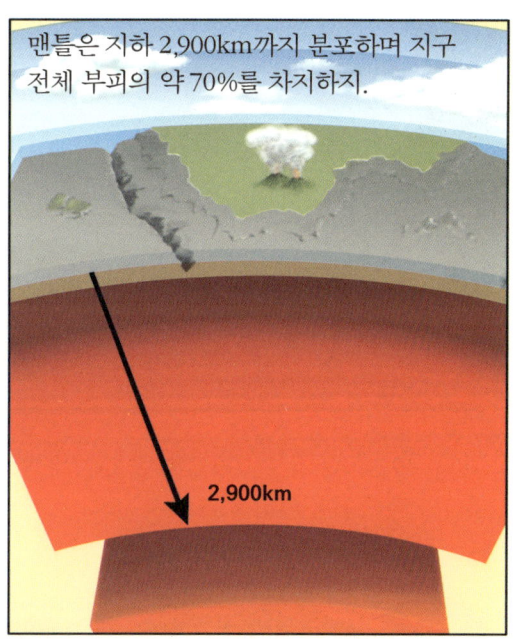
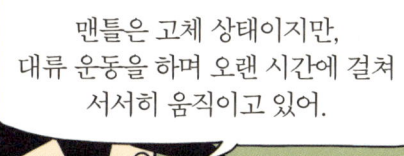

❸ 화산 활동은 열 순환의 결과

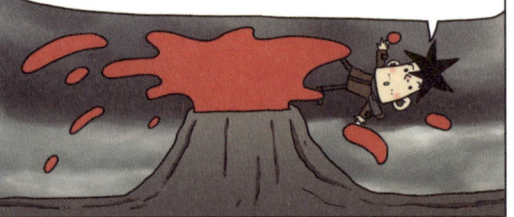

열수구
해저 지각에서 마그마가 분출하는 중앙 해령 부근에서는 화산 활동에 의해 많은 광물이 녹아 있는 열수가 뿜어져 나온다. 그 모습이 뜨거운 연기를 뿜어내는 굴뚝과 같아서 '블랙 스모커(black smoker)'라 불리기도 한다.

용암의 분출

화산 활동은 맨틀이 상승하거나 하강 운동을 하는 구역에서 축적된 열이 빠져나오는 현상이야.

화산 활동이 활발하게 일어나는 곳은 대서양의 중앙 해령이나 환태평양 지역이야.

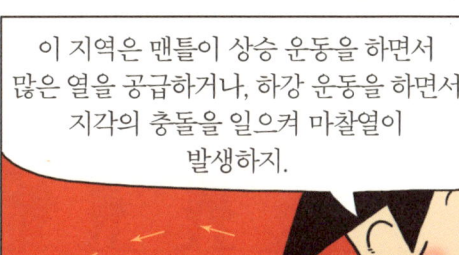
이 지역은 맨틀이 상승 운동을 하면서 많은 열을 공급하거나, 하강 운동을 하면서 지각의 충돌을 일으켜 마찰열이 발생하지.

따라서 화산 활동은 맨틀이 대류 운동을 하면서

열이 순환되는 과정에서 나타나는 자연스러운 현상이야.

앗! 이게 무슨 냄새야!

헤헤~ 이것도 자연스러운 현상이라고나 할까….

 과학 톡톡

화산 활동과 열 순환

화산 활동은 지각을 구성하는 암석이 녹은 채로 지각의 약한 틈을 뚫고 지표로 분출되는 현상을 말한다. 이때 시뻘건 용암으로 빠져나오는 물질의 온도는 900~1,200℃ 정도이다. 이와 같이 화산 활동은 맨틀이 상승하거나 하강 운동을 하는 구역에서 축적된 열이 빠져나오는 현상으로, 맨틀의 대류 운동으로 열이 순환하는 과정에서 나타나는 자연스러운 현상이다.

① 마그마 ② 기반암 ③ 분출관 ④ 지면 ⑤ 관입암상(마그마가 지각을 뚫고 들어가 굳어져 만들어진 암석)
⑥ 화산에서 나온 재가 쌓인 층 ⑦ 화산에서 나온 용암이 쌓인 층 ⑧ 기생 화산(화산의 중턱이나 기슭에 새로 분화해서 생긴 화산)
⑨ 용암의 흐름 ⑩ 화산 분출구 ⑪ 크레이터(화산 폭발로 생긴 구멍) ⑫ 화산재의 연기

 교과서 밖 과학

지구 내부의 층상 구조

지구 내부는 성질이 서로 다른 물질들이 층상 구조를 이루고 있다. 각각의 층상 구조는 성분 물질의 종류도 다르고 독특한 특징이 있으며, 내부로 갈수록 밀도와 온도가 증가한다.

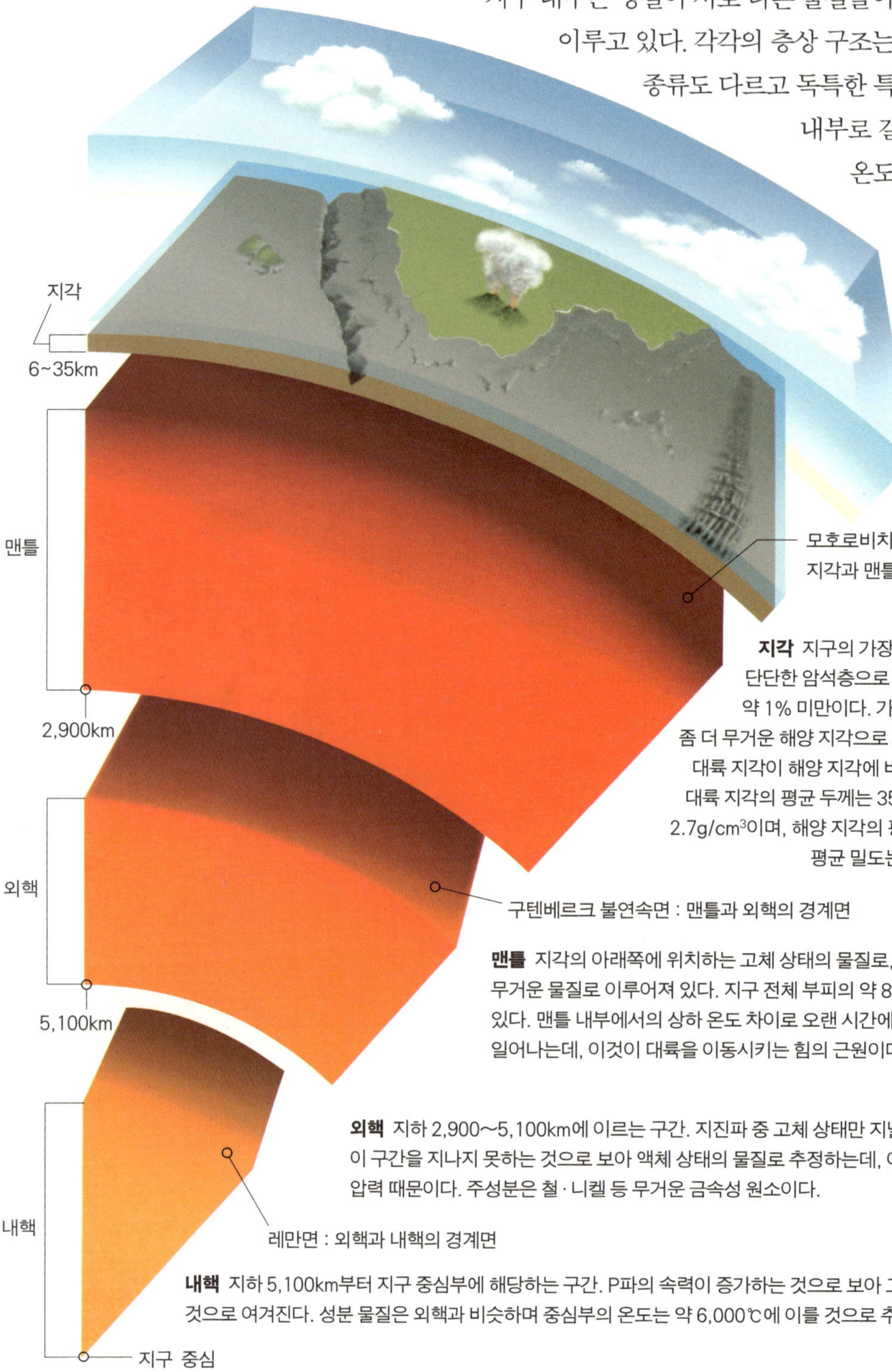

지각
6~35km

맨틀

2,900km

외핵

5,100km

내핵

지구 중심

모호로비치치 불연속면 : 지각과 맨틀의 경계면

지각 지구의 가장 겉부분을 이루는 단단한 암석층으로 지구 전체 부피의 약 1% 미만이다. 가벼운 대륙 지각과 좀 더 무거운 해양 지각으로 이루어져 있으며, 대륙 지각이 해양 지각에 비해 좀 더 두껍다. 대륙 지각의 평균 두께는 35km, 평균 밀도는 $2.7g/cm^3$이며, 해양 지각의 평균 두께는 6km, 평균 밀도는 $3.0g/cm^3$이다.

구텐베르크 불연속면 : 맨틀과 외핵의 경계면

맨틀 지각의 아래쪽에 위치하는 고체 상태의 물질로, 지각보다 더 무거운 물질로 이루어져 있다. 지구 전체 부피의 약 83%를 차지하고 있다. 맨틀 내부에서의 상하 온도 차이로 오랜 시간에 걸쳐 대류 운동이 일어나는데, 이것이 대륙을 이동시키는 힘의 근원이다.

외핵 지하 2,900~5,100km에 이르는 구간. 지진파 중 고체 상태만 지날 수 있는 S파가 이 구간을 지나지 못하는 것으로 보아 액체 상태의 물질로 추정하는데, 이는 높은 온도와 압력 때문이다. 주성분은 철·니켈 등 무거운 금속성 원소이다.

레만면 : 외핵과 내핵의 경계면

내핵 지하 5,100km부터 지구 중심부에 해당하는 구간. P파의 속력이 증가하는 것으로 보아 고체 상태일 것으로 여겨진다. 성분 물질은 외핵과 비슷하며 중심부의 온도는 약 6,000℃에 이를 것으로 추정한다.

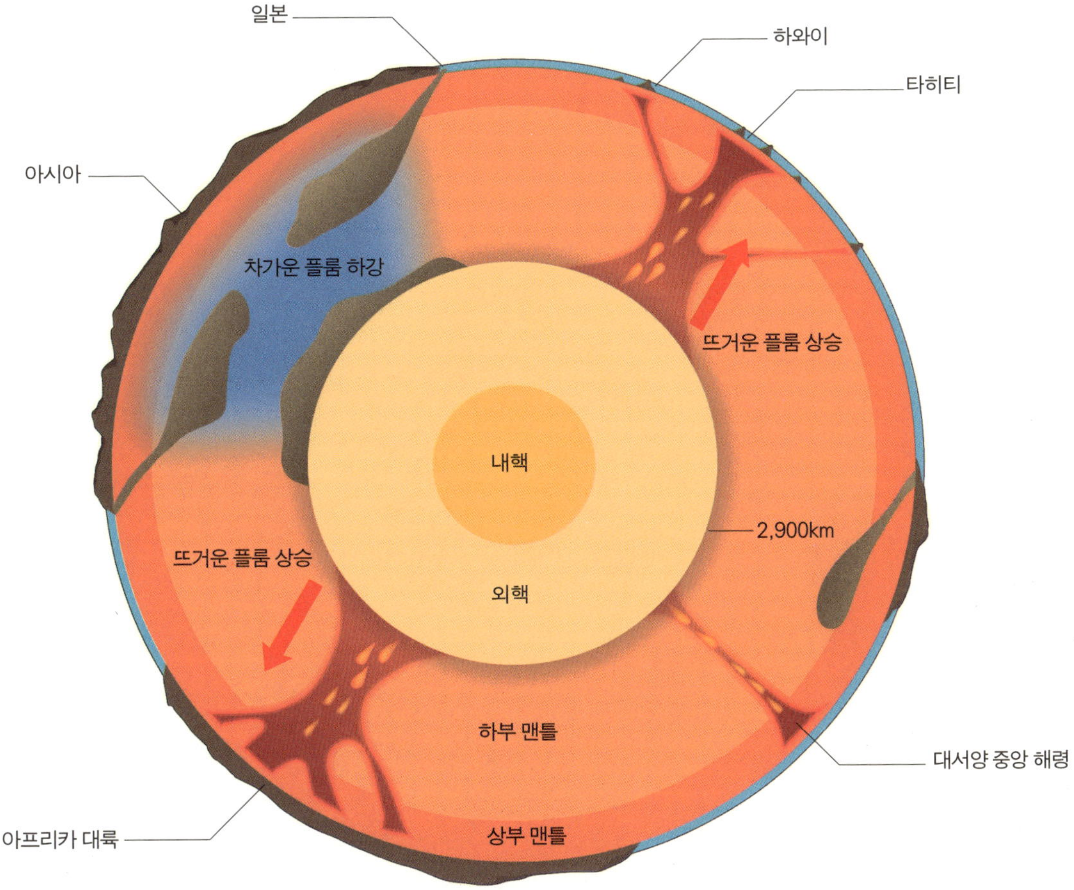

플룸 구조론 맨틀 내부에서는 온도 차이에 따른 밀도 변화로 인해 고온 맨틀의 상승과 저온 맨틀의 하강 운동이 일어나고 있다. 이때 이동하는 맨틀 덩어리가 플룸이며, 지구 표면에서 수평적으로 나타나는 판 운동의 원동력을 이러한 플룸의 이동에서 찾으려는 것이 플룸 구조론이다. 플룸 구조론에 따르면, 아시아 지역에서 거대한 차가운 플룸이 하강하고, 타히티와 아프리카에서 뜨거운 플룸이 상승하면서 맨틀 전반에 걸친 원통형의 대류 운동이 일어난다.

차가운 플룸의 형성 과정

❶ 해양 지각이 대륙 지각의 밑으로 밀려 들어가면서 섞이기 시작한다.

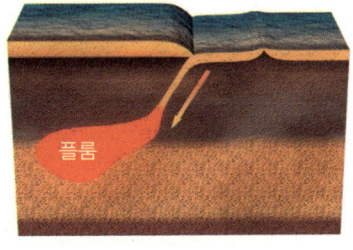

❷ 지속적으로 축적된 해양 지각이 덩어리를 이룬다.

❸ 플룸 덩어리가 떨어지는데, 이것이 차가운 플룸이다.

3 | 바다

01 해수의 성분 | 02 해류란 무엇일까?
03 조류란 무엇일까? | 04 해양 생물 | 05 바닷속에 숨겨진 자원들

01 해수의 성분

지구상의 물은 바닷물과 육지의 물로 나눌 수 있습니다. 바닷물은 지구 전체 물의 97%를 차지하고 있으며 마실 수 없습니다. 육지의 물에는 지하수·강·호수의 물이 있으며 마실 수 있습니다. 바닷물의 성분은 육지의 물과 어떻게 다를까요?

와~ 바다다!

꺅! 꺅! 꺅!

이 녀석들, 눈치도 없어!

둘만 오붓하게 왔으면 얼마나 좋았을까?

❶ 물의 행성, 지구

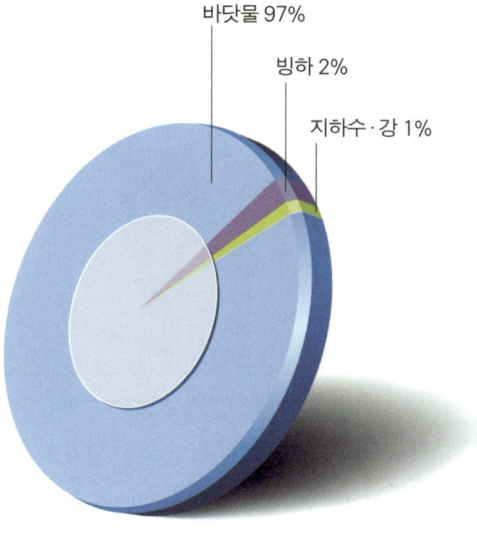

지구상의 물 분포
지표의 약 3분의 2 이상을 차지하는 바다에 물이 가장 많으며, 육지에 존재하는 물은 3% 정도에 불과하다. 그중에서 극지역과 고산 지대에 분포하고 있는 빙하가 약 2%이고, 지하수·강·호수 등이 약 1%를 차지한다.

❶ **막대한 양의 수증기 생성**
지표면에서 활발하게 일어난 화산 활동과 운석의 충돌 때문에 많은 양의 수증기가 대기 중으로 공급되었다.

❷ **오랜 시간에 걸친 강수**
지표면이 냉각되면서 대기 중의 수증기가 응결하여 두꺼운 구름층을 형성했고, 마침내 많은 비가 내리게 되었다.

❸ **바다의 형성**
지표로 떨어진 빗물은 지하수를 형성하거나 지표를 따라 흘러 낮은 곳으로 이동했고, 이 물이 모여 넓은 바다를 이루었다.

❷ 바닷물은 왜 짤까?

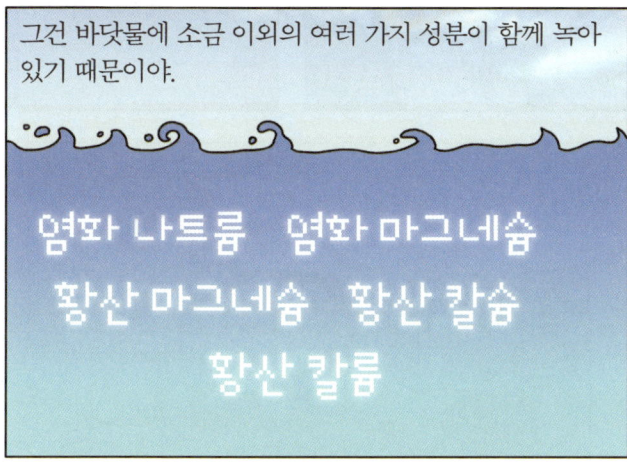

해수의 성분

평균적인 해수 1kg 가운데 순수한 물이 965g이고, 나머지 35g은 염류이다. 염류 중에는 짠맛을 내는 염화 나트륨이 27.2g(염류의 약 77.7%), 쓴맛을 내는 염화 마그네슘이 3.8g(염류의 약 10.9%)을 차지하고 있다.

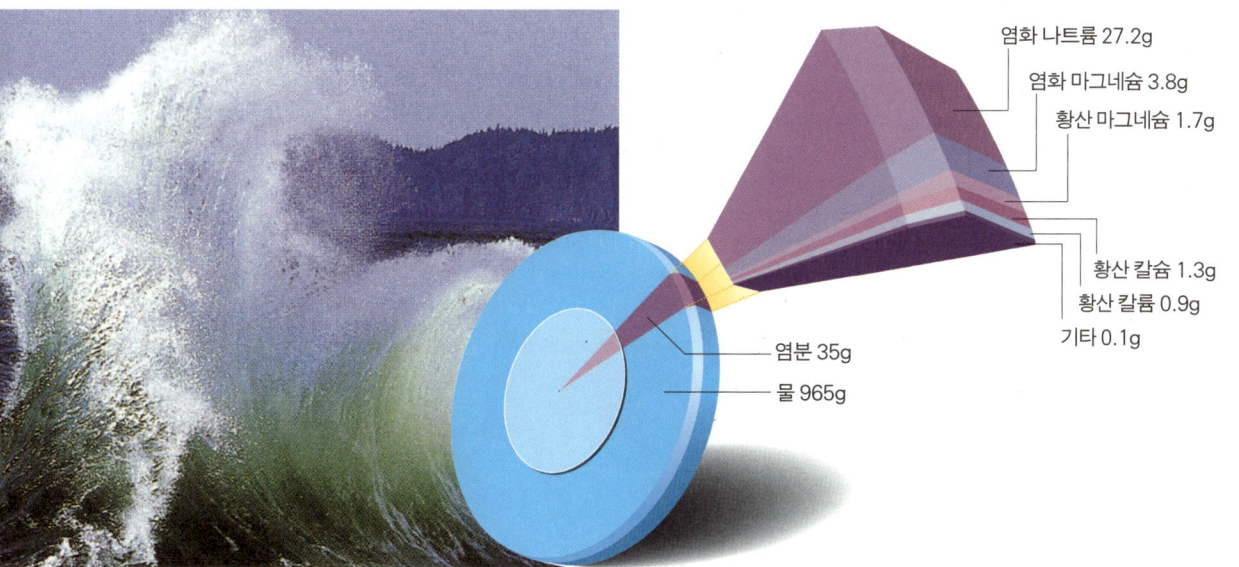

❸ 바닷물은 얼마나 짤까?

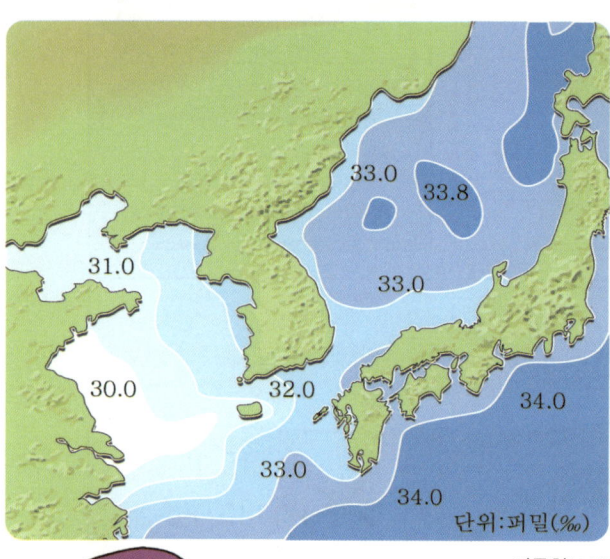
여름철(8월)

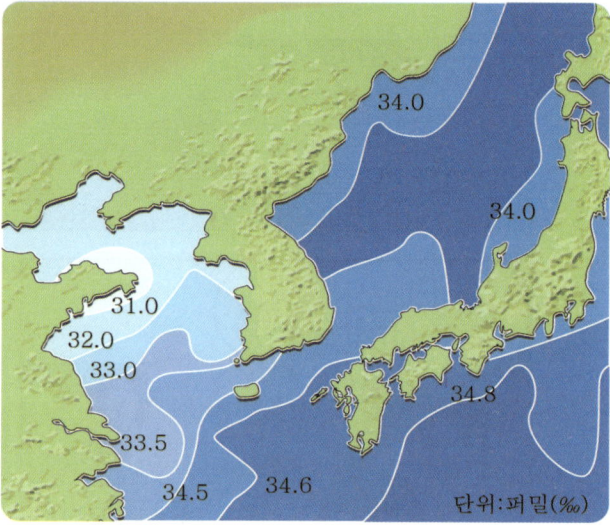
겨울철(2월)

바닷물의 염분은 지역에 따라 조금씩 달라요. 일반적으로 하천의 물이 유입되는 연안 바닷물의 염분은 낮고, 강수량이 적고 증발량이 많은 바다의 염분은 높아요. 하천물의 유입량과 증발량이 거의 같아 염분이 매우 높은 사해는 평균적인 해수 염분의 10배에 가까운 300‰이나 되죠. 또한 같은 바다라도 계절에 따라 염분은 조금씩 달라지는데, 우리나라 근해의 염분은 전 세계 바다의 평균보다 낮지요. 그 가운데에서도 중국 대륙에서 많은 물이 공급되는 서해는 특히 염분이 낮아요. 또한 우리나라는 연 강수량의 약 50%가 여름철에 내리기 때문에 이 시기의 염분도 겨울철에 비해 상대적으로 낮지요.

염분이 높다	염분이 낮다
강수량 < 증발량	강수량 > 증발량
사해	연안 지역
겨울	여름

❹ 염류의 상대적인 비율은 일정하다

전 세계 바다의 염분 비교

염분의 변화에 가장 큰 영향을 끼치는 요인은 증발량과 강수량이다. 적도 지역은 기온이 높아 증발이 활발하지만 강수량이 많다. 따라서 강수량보다 증발량이 더 많은 중위도 지역에 비해 염분이 낮게 나타난다. 그 밖에도 염분은 결빙과 해빙, 강물의 유입 등에 의해 달라지기도 한다.

지각과 해수의 성분 비교

 물은 다양한 종류의 물질을 녹일 수 있다. 지구 탄생 초기의 지구 대기에는 수증기와 함께 황이나 염소 등의 산성 물질이 많이 섞여 있었다. 이런 물질들이 물에 녹아 강한 산성을 띤 빗물이 내리면 지구 표면의 암석을 매우 잘 녹일 수 있었다. 그리하여 암석을 이루는 성분 원소들 가운데 물에 쉽게 녹는 물질이 빗물에 녹은 채 바다로 흘러들어 현재와 같은 염류를 만들어 낸 것이다. 지각과 해수의 주요 구성 성분을 살펴보면, 해수를 구성하는 주요 금속 성분은 모두 지각에도 포함되어 있다. 바닷물 속에 들어 있는 나트륨(Na), 마그네슘(Mg), 칼슘(Ca)은 암석에서 생긴 것이다.

 하지만 바닷물 속의 염류가 모두 육지에서 공급된 것은 아니다. 염소와 황산염 등은 암석의 성분이 녹은 것이 아니라 화산 활동에 의해 지구 내부에서 공급된다. 화산은 육지보다는 바닷속에 더 많이 분포한다. 화산이 폭발할 때 나오는 화산 가스에 포함된 염소와 황 등의 성분이 바닷물에 녹아 그 구성 성분이 된 것이다.

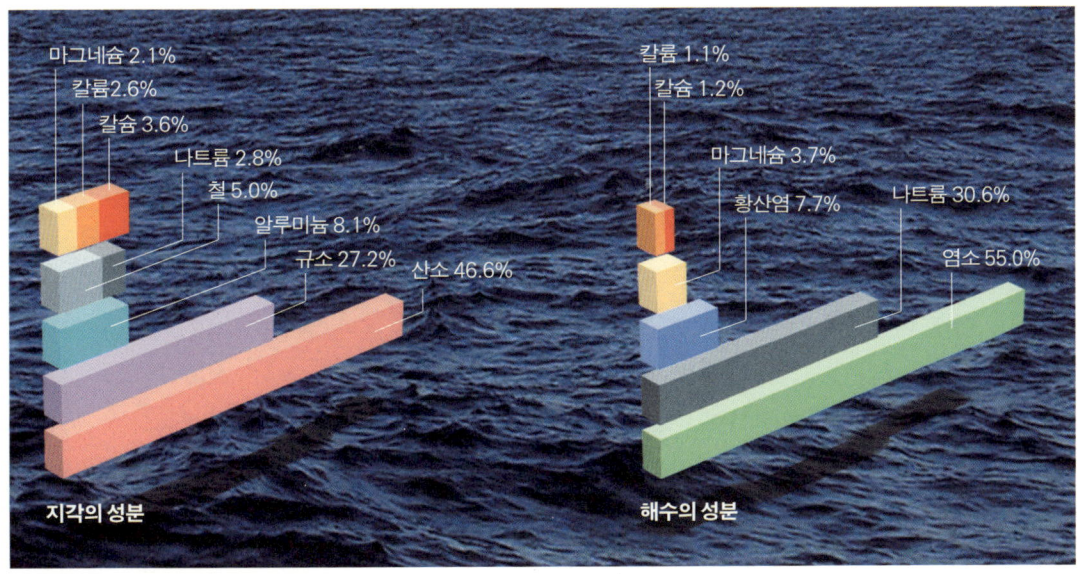

지각과 해수의 성분 비교
지각을 구성하는 성분 원소와 해수에 포함된 성분 원소를 비교해 보면 그 종류가 거의 비슷하다. 이는 지각의 구성 물질이 흐르는 물에 녹아서 바다로 흘러들어 왔기 때문이다.

챌린저호와 염류의 성분 조사

챌린저호

1872년 12월, 영국의 포츠머스 항구에서는 해양학의 신기원을 알리는 획기적 사건이 있었다. 영국 왕립 학술원과 영국 해군의 지원을 받은 영국 군함 챌린저호가 해양 탐사를 시작한 것이다.

톰슨(1830~1882)의 지휘 아래 여러 명의 과학자와 승무원, 화가가 승선한 챌린저호는 3년 6개월에 걸친 긴 항해를 시작했다.

챌린저호는 2,300t급 목선으로 선체 길이는 65m에 달했으며, 항해 도중 채취한 바닷물을 분석하고 생물들을 분류하고 연구할 수 있는 화학·생물 실험실을 갖추고 있었다. 챌린저호는 대서양과 희망봉을 지나 인도양, 태평양을 거쳐 무려 12만 8,000km에 이르는 긴 항해를 했을 뿐 아니라 남극권을 횡단한 최초의 목선으로 기록되고 있다. 항해의 본래 목적은 모든 대양의 심해저에 대한 궁금증을 해결하는 데 있었으나, 긴 항해를 하는 동안 약 500개 지점에서 수심을 측정했고, 362개 지점에서 해양 자료를 수집했다. 또한 133개 지점에서 해저 퇴적물을 채취했으며, 151회의 생물 채집을 실시했다.

챌린저호는 항해하는 동안 4,717종의 해양 생물을 발견했고, 77곳의 해수를 채취하여 염류량을 조사하는 등 방대한 양의 자료를 모았다. 이 자료를 분석하는 데만 19년이 걸렸고, 그 결과는 50권에 이르는 《챌린저 보고서》로 출간되었다. 한편, 챌린저호의 해양 탐험을 계기로 영국 에딘버러 대학교 지리학과에 해양학이 개설됨으로써 '해양학'이라는 고유 학문 영역이 탄생했다.

챌린저호는 표층에서 심층에 이르는 해수의 화학적 성질과 분포, 해류 및 생물의 종류와 생태·분포를 조사했고, 해저 퇴적물의 종류와 구조, 기상과 지구 자기장의 변화 등 여러 연구를 통하여 해양 과학의 기초를 세우는 데 크게 공헌했다. 특히 해수가 포함하고 있는 염

류의 성분비가 일정하다는 사실을 알아냈다. 물론 1820년대에 이미 '해수 중 주성분의 비는 일정하다.'는 것을 알고 있었으나, 지역의 염분에 따라 각 염류들의 농도가 달라도 염류들의 상대적 구성비는 변함이 없다는 사실이 밝혀진 것이다. 이를 '염분비 일정의 법칙'이라 한다. 이 법칙에 따르면, 해수의 염분비가 일정하기 때문에 해수 중 한 원소의 성분만 알면 각 염류들의 비율을 계산할 수 있을 뿐 아니라 염분도 구할 수 있다. 이러한 사실로부터 염분의 개념을 처음 정립한, 1901년 덴마크의 해양학자 크누센(1871~1949)은 염소의 양을 이용하여 경험적으로 해수의 염분을 구하는 식을 만들기도 했다.

02 해류란 무엇일까?

바다를 항해하는 선박은 마치 도로를 따라가듯 바닷물의 흐름을 따라 이동합니다. 일정한 방향으로 흐르는 바닷물을 이용하면 더 쉽게 목적지에 닿을 수 있기 때문이지요. 이처럼 바닷물이 일정한 방향으로 흐르는 이유는 무엇일까요?

자, 여기는 아저씨가 쏜다!

선생님, 회 좋아하시나요?

네, 아주 좋아해요!

저희도 좋아해요!

응.

그런데 여기 가격이 좀….

❶ 해류의 생성

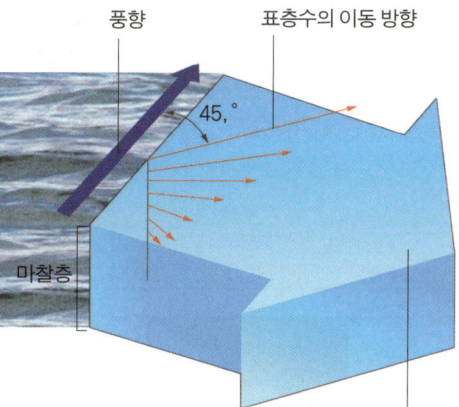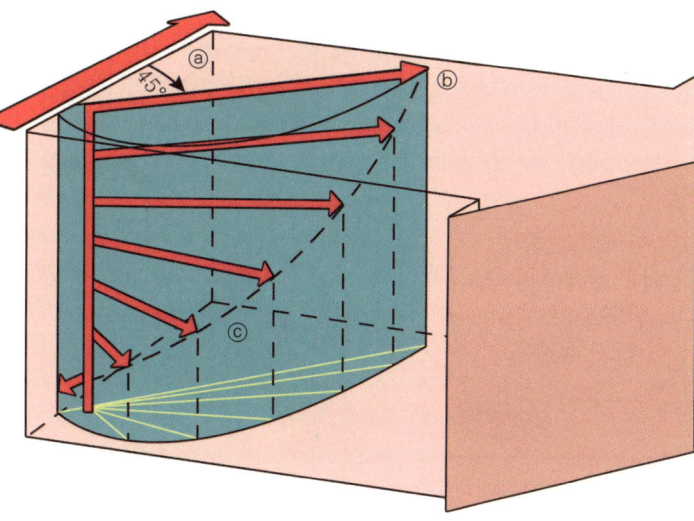

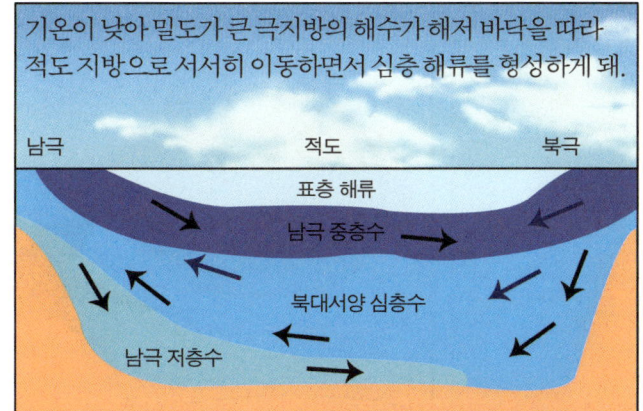

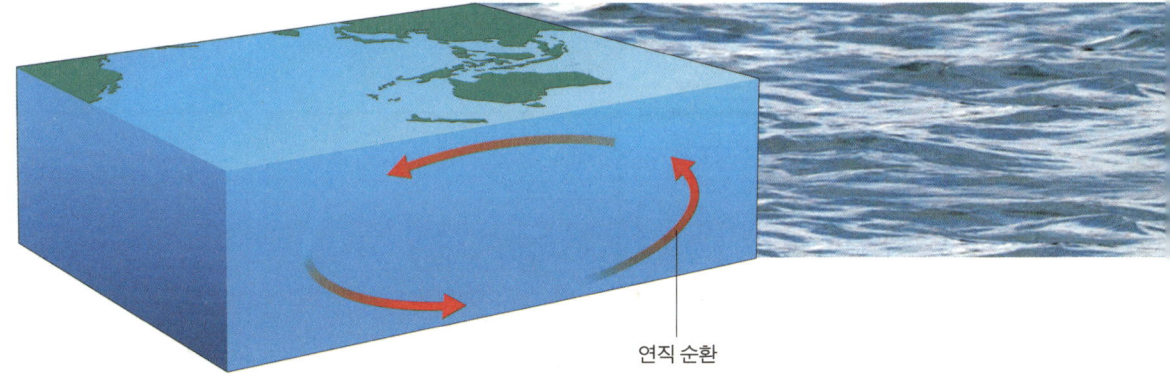

연직 순환

해수의 연직 순환
표층 해수는 주로 바람에 의해 순환하는데, 연직 방향으로 나타나는 해수는 밀도에 의해 흐른다.
극 지역에서 냉각된 해수는 밀도가 커서 무겁기 때문에 하강 운동을 하며 해저 바닥을 따라 저위도 지역으로 서서히 이동하면서 심해류층을 형성한다. 저위도로 이동한 해수는 적도 부근에서 상승하여 다시 표층 해수가 되어 고위도로 이동한다.

02 해류란 무엇일까? **135**

❷ 난류와 한류

근해의 해류와 어종

쿠로시오 난류에서 동한 난류와 황해 난류가 갈라져 나오며, 난류가 흐르는 지역은 난류성 어종인 갈치·넙치·고등어·오징어 등이 풍부하다. 북쪽에서 흘러 내려오는 북한 한류가 흐르는 지역은 한류성 어종인 청어·명태가 풍부하다. 조경 수역이 형성되는 지역에는 난류성·한류성 어종이 다 모여든다.

❸ 기후를 바꾸는 해류

노르웨이는 북위 58~72°의 고위도에 있지만

서쪽 연안은 북극권으로 보기 어려울 정도로 온난한 기후가 나타나요.

겨울에도 바다가 어는 일이 없을 뿐 아니라 가장 추운 달의 평균 기온도 1.2°C에 이르죠.

와~ 예쁘다!

하여튼 남자들이란!

전 다른 남자들과 다릅니다. 진짜로! 정말로!

네?

아무튼 전 다릅니다. 하하하!

이러한 기후 특징이 나타나는 것은 해류 때문이야.

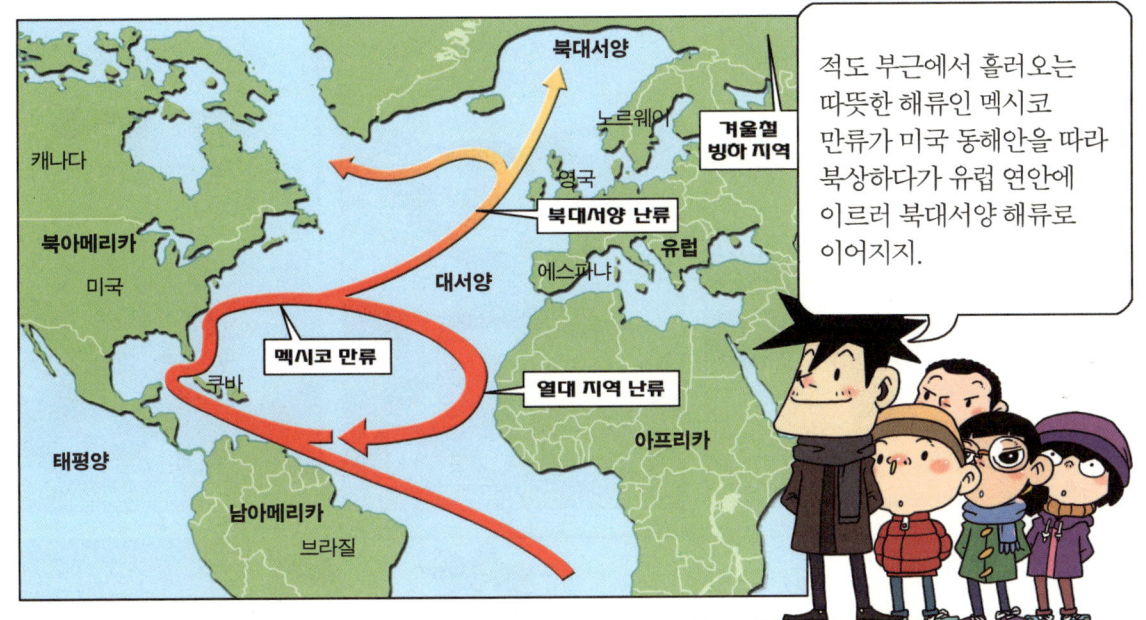

 **과학 톡톡**

해류의 기나긴 여정

지표를 둘러싼 대기층에서는 연중 일정한 바람이 분다. 이러한 바람에 의해 지구 표면의 70%가량을 차지하는 바닷물은 마치 우리 몸속을 순환하는 혈액처럼 쉴 새 없이 전 지구를 순환하고 있다. 해수가 전 지구를 순환하는 데는 무려 2,000년이 넘는 긴 시간이 걸린다.

해류는 지구 자전의 영향을 받기 때문에 흐르는 방향이 일정하다. 우리나라에 영향을 끼치는 쿠로시오 해류는 아시아 대륙의 동해안을 따라 흐른다. 이 해류는 태평양을 시계 방향으로 회전하면서 순환하고 있다. 그러나 남반구의 바다에서는 시계 반대 방향으로 해류가 순환하고 있다. 바다 표면에서 나타나는 해수의 대순환은 대체로 대기 대순환의 영향을 받기 때문에 비슷한 모습으로 나타난다. 깊은 바다에서는 해수의 밀도 차에 의한 대규모의 순환이 일어나는데, 해저를 따라 흐르는 심층 해류는 평균 1년에 20km의 느린 속도로 이동한다.

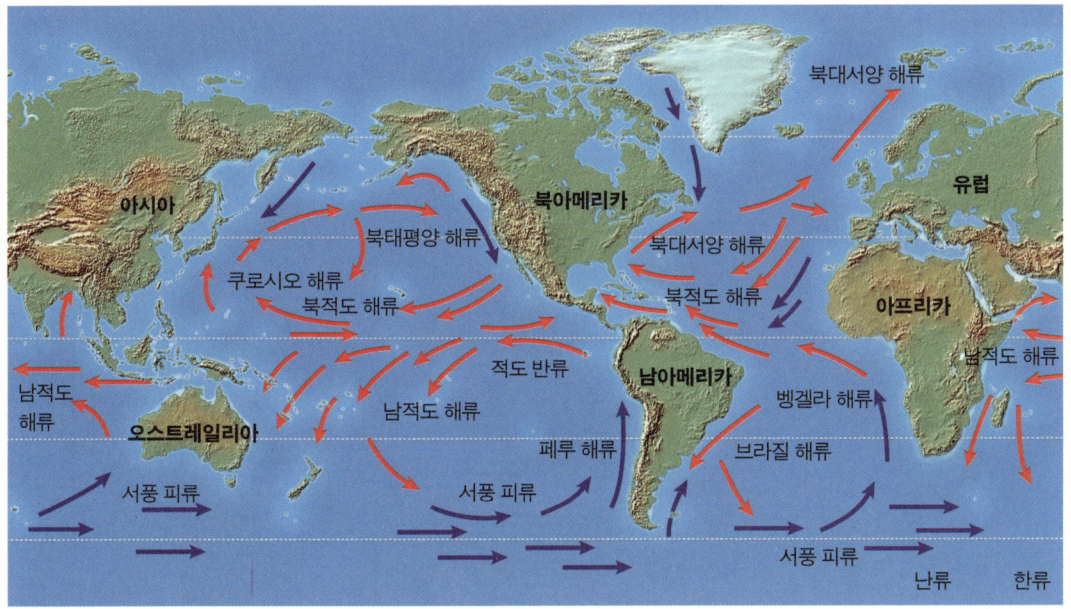

전 세계의 해류
지구 자전의 영향으로 북반구에서는 해수의 순환이 시계 방향으로 일어나고, 남반구에서는 시계 반대 방향으로 일어난다. 이러한 해수의 순환을 통해 저위도의 에너지가 고위도로 전해진다.

 재미있는 과학 교실

무지개 물탑 쌓기

물이 들어 있는 그릇에 기름을 넣으면 기름이 물 위에 뜹니다. 또 물이 들어 있는 그릇에 다른 물을 넣으면 두 물은 섞입니다. 물과 기름처럼 물 위에 다른 물을 쌓을 수는 없을까요? 두 물에 녹인 설탕의 양을 다르게 하면 물에 물을 쌓을 수 있답니다. 물에 물을 쌓아 예쁜 무지개 물탑을 만들어 봅시다.

| 무엇이 필요할까요? |

종이컵 7개, 계량컵(또는 눈금실린더),
설탕, 유리컵(가늘고 긴 것),
티스푼, 스포이트, 물감(무지개 색깔)

 **어떻게 만들까요?**

1. 계량컵을 이용하여 7개의 종이컵에 같은 양의 물을 담습니다.

2. 각각의 종이컵에 1~7번까지 번호를 붙이고, 다음과 같이 설탕의 양을 다르게 넣은 다음 스푼으로 저어 완전히 녹입니다.

1	2	3	4	5	6	7
넣지 않음	1스푼	2스푼	3스푼	4스푼	5스푼	6스푼

3. 1번 컵부터 빨강, 주황, 노랑, 초록, 파랑, 남색, 보라의 순서로 물감을 타서 무지개 색깔의 용액을 만듭니다.

4. 가늘고 긴 유리컵에 보라색 용액(7)을 먼저 넣습니다. 이때 용액이 유리컵의 벽을 타고 천천히 흘러내리게 합니다.

5. 같은 요령으로 남색 용액(6)을 스포이트로 넣습니다.

6. 그 다음 파랑(5)부터 빨강(1)까지 스포이트를 이용하여 순서대로 흘러내리게 하면 무지개 물탑을 쌓을 수 있습니다.

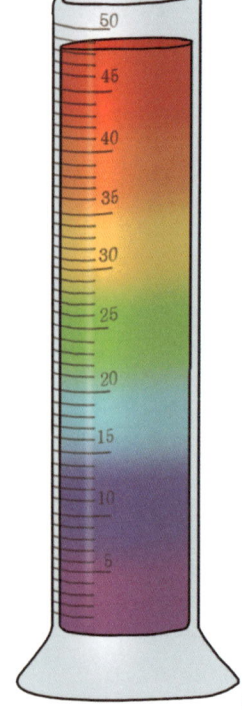

주의하세요!

1. 유리컵은 가늘고 긴 것일수록 좋습니다. 폭이 넓은 것을 사용하면 층의 면적이 넓기 때문에 각 층을 쌓을 때 시간도 많이 걸리고 어려워집니다.

2. 설탕물의 층을 쌓을 때 설탕물이 벽면을 타고 천천히 흘러내려야 합니다. 먼저 쌓은 물의 층과 가까운 곳에서 조금씩 흘려보내는 것이 좋습니다.

 | 왜 그럴까요? |

무지개 물탑은 물 위에 물을 쌓는 것입니다. 어떻게 물 위에 물을 쌓을 수 있을까요? 보통 물 위에 물을 쌓으면 서로 섞이고 맙니다. 물분자끼리 서로 잡아당기는 힘이 커서 잘 섞이는 것입니다. 그런데 이 실험에서 물 위에 물을 쌓을 수 있는 것은 설탕물의 진하기가 달라 밀도에 차이가 나기 때문입니다. 밀도란 용액을 서로 섞었을 때 뜰 것인지 가라앉을 것인지를 결정하는 성질로서, 부피가 같을 때의 무게를 비교하는 양입니다. 같은 부피일 때 무거운 물체일수록 밀도가 큽니다. 무지개 물탑 쌓기 실험의 경우 같은 부피의 물에 설탕의 양을 다르게 녹였기 때문에 설탕을 가장 많이 녹인 7번 용액이 가장 무겁습니다. 따라서 보라색 설탕물(7)의 밀도가 가장 크고, 아무것도 안 녹인 빨간색 설탕물(1)의 밀도가 가장 작습니다. 각 색깔별로 밀도의 크기를 비교하면, '보라 〉 남색 〉 파랑 〉 초록 〉 노랑 〉 주황 〉 빨강'의 순서가 됩니다.

밀도에 차이가 있으면 서로 잘 섞이는 액체들끼리도 조심스럽게 쌓으면 액체 위에 액체를 쌓을 수 있습니다. 이 실험과 같이 유리컵의 맨 밑에 가장 진한 보라색 설탕물을 넣고 다음에 남색 설탕물을 조심스럽게 넣어 주면, 남색 설탕물은 보라색 설탕물보다 밀도가 작기 때문에 섞이지 않고 그 위에 사뿐히 쌓이게 됩니다. 이런 식으로 설탕물을 순서대로 쌓으면 무지개 물탑이 만들어집니다. 이는 물 위에 물을 쌓은 것이므로 물과 기름처럼 경계가 뚜렷할 만큼 쌓이는 것이 아닙니다. 따라서 흔들리면 금방 서로 섞입니다. 하지만 한번 만든 무지개 물탑은 흔들리지 않게 잘 보관하면 한 달 이상도 유지할 수 있습니다.

우리 주변에서 밀도를 이용한 예로 헬륨을 넣은 풍선을 들 수 있습니다. 입으로 바람을 분 풍선은 하늘 높이 날아가지 않습니다. 하지만 놀이공원이나 파티 때 사용하는 풍선은 묶어 두지 않으면 하늘 높이 날아가 버립니다. 이는 풍선 안에 들어 있는 헬륨 가스가 공기보다 밀도가 작아서 위로 뜨기 때문이랍니다.

식용유의 밀도가 물보다 작기 때문에 두 물질을 섞으면 식용유가 물 위에 뜬다.

03 조류란 무엇일까?

해안 지역은 바닷물이 주기적으로 드나듭니다. 바닷물이 육지 쪽으로 밀려 들어오는 것을 밀물, 반대로 바닷물이 밀려 나가는 것을 썰물이라고 합니다. 밀물 때가 되면 해수면이 높아지고, 썰물 때가 되면 해수면이 낮아지지요. 이러한 밀물과 썰물은 어떻게 일어날까요?

엄마랑 아빠랑 제부도에 갔다. 바다 길을 자동차로 달리니 마냥 신기했다. 맛있는 조개 구이도 먹고 갯벌에서 조개도 줍다 보니 시간 가는 줄 몰랐다. 그런데 이게 웬일인가? 아까 들어왔던 길이 없어지고 만 것이다. 아빠는 다시 바다 길이 열릴 때까지 기다려야 한다고 하셨다. 바다 길은 왜 생겼다가 없어지는 걸까?

현대판 '모세의 기적'을 체험하고 왔구나?

❶ 신비한 바다 길

❷ **바닷물의 방향은 왜 바뀔까?**

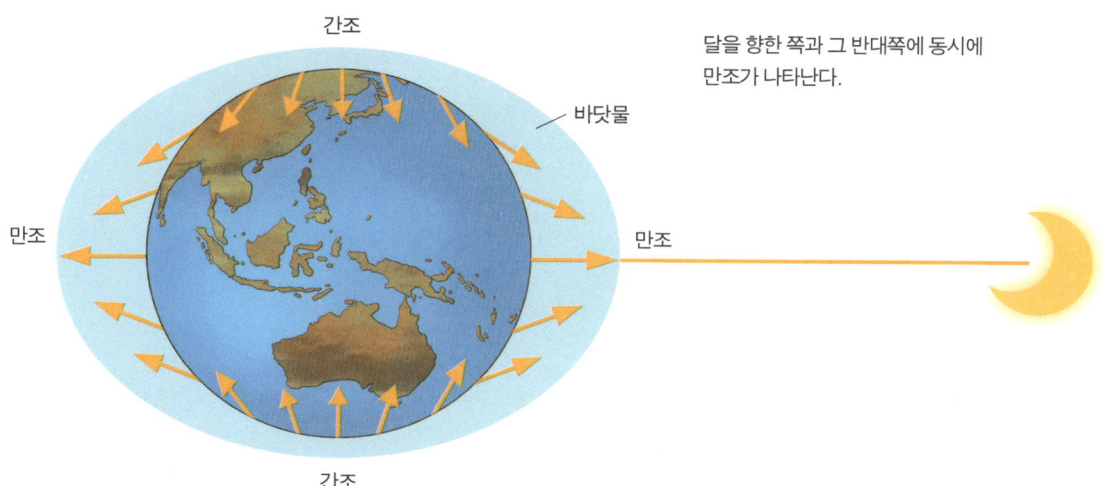

달을 향한 쪽과 그 반대쪽에 동시에 만조가 나타난다.

03 조류란 무엇일까? **149**

❸ 조류와 간만의 차

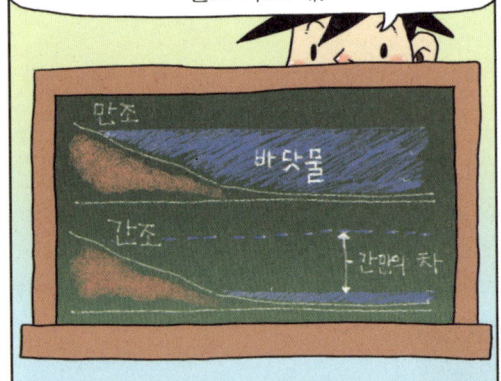

밀물이 되어 바닷물의 높이가 가장 높아졌을 때를 '만조', 썰물이 되어 바닷물의 높이가 가장 낮아졌을 때를 '간조'라고 해.

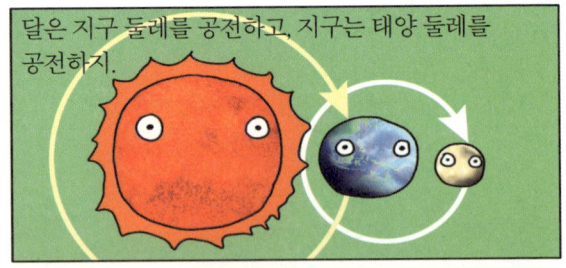

달은 지구 둘레를 공전하고, 지구는 태양 둘레를 공전하지.

따라서 지구에 영향을 끼치는 달과 태양이 나란하게 놓일 때는 지구에 미치는 인력이 더욱 커지고 이에 따라 간만의 차도 더 크게 되지.

간만의 차가 가장 큰 때를 '사리'라고 하는데, 매월 보름이나 그믐 무렵에 나타나.

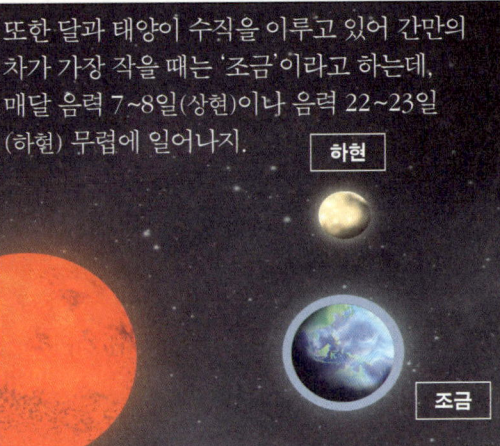

또한 달과 태양이 수직을 이루고 있어 간만의 차가 가장 작을 때는 '조금'이라고 하는데, 매달 음력 7~8일(상현)이나 음력 22~23일(하현) 무렵에 일어나지.

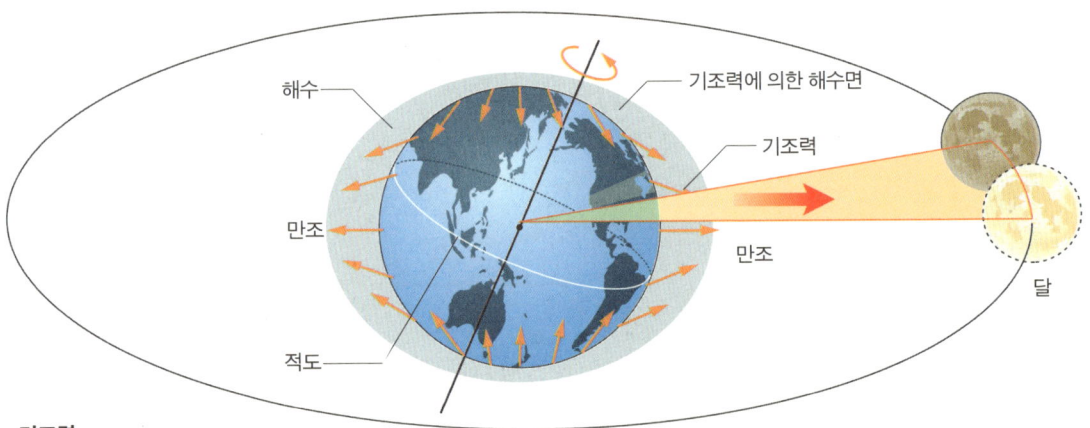

기조력

달과 태양이 지구에 작용하는 인력에 의해 조석 현상을 일으키는 힘을 '기조력'이라 한다. 달은 태양보다 훨씬 작지만 지구와 가깝기 때문에 달에 의한 기조력은 태양에 의한 기조력의 약 2배가 된다. 한편, 달과 태양이 일직선상에 있으면(보름과 그믐) 두 기조력이 합해져 '사리'가 되며, 달과 태양이 수직으로 놓여 있으면(상현과 하현) 두 기조력이 나뉘어 '조금'이 된다.

	갯벌 생물
동물	가무락·따개비·맛조개·백합·소라·칠게·방게·밤게·갯지렁이·갯강구 등 다양한 종이 존재
식물	김·미역·파래·갈대·갯완두·해당화 등 다양한 종의 식물이 존재

❹ 조류의 이동

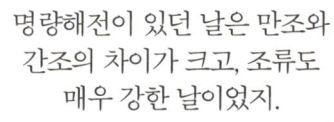

울돌목
임진왜란 때 이순신 장군이 승리를 거둔 명량해전의 격전지이다. 울돌목은 전라남도 해남군 화원 반도와 진도 사이에 있는 길이 1.5km, 폭 330m의 좁고 긴 물길 중 가장 좁은 곳으로, 오늘날 진도 대교 밑에 있다.

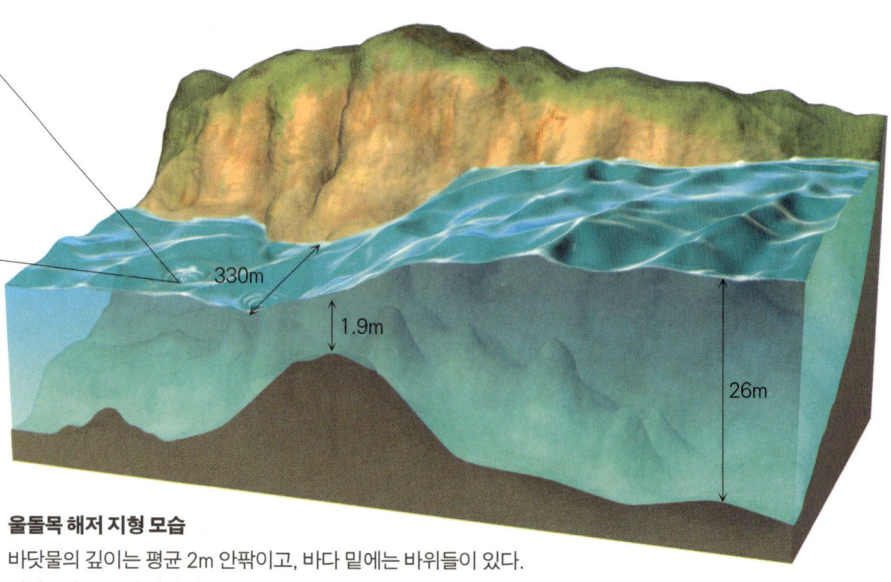

울돌목 해저 지형 모습
바닷물의 깊이는 평균 2m 안팎이고, 바다 밑에는 바위들이 있다.
바닷물의 흐름이 바뀌면서 좁은 물길로 갑자기 많은 양의 물이 흘러들어
물 흐르는 속도가 빨라지고 바닷속에 있는 울퉁불퉁한 바위들에 부딪혀 큰 소용돌이가 생긴다.

울돌목의 가장 좁은 목은 폭이 약 330m이고, 얕은 곳은 수심이 약 1.9m밖에 되지 않아.

이곳을 지나는 조류의 유속은 약 6m/s로 국내에서 가장 빨라.

우아~ 놀이동산이야~

그래서 조력 발전소 건립에 적합한 장소로 생각하고 있지.

조력?
휙!

조력?
휙!

조력 발전

조력 발전은 환경 오염을 일으키지 않는 신재생 에너지로 떠오르고 있지만, 간만의 차가 큰 지역이라는 장소의 제약이 따른다. 조력 발전소에서는 밀물 때 터빈을 돌려 바닷물을 댐에 가두어 두었다가 썰물 때 빠져나가는 바닷물을 이용해서 다시 터빈을 돌려 발전을 한다.

 **과학 톡톡**

만조와 간조

해변에서 하루에 두 번씩 바닷물이 주기적으로 밀려왔다 밀려갔다 하는 현상을 '조석'이라고 한다. 조석 현상을 일으키는 힘을 '기조력'이라고 하는데, 기조력은 지구와 달 사이에 작용하는 인력과 그 반대 방향으로 쏠리는 힘에 의한 것이다. 태양은 달보다 질량이 크지만 거리가 훨씬 멀기 때문에 지구에 미치는 기조력은 달에 비해 2분의 1 정도에 불과하다.

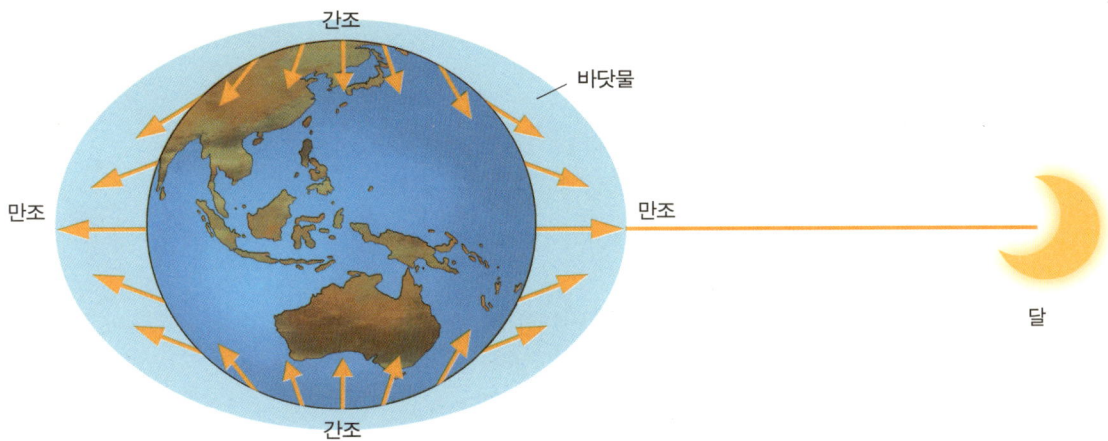

만조 바닷물이 밀려 들어와서 해수면이 가장 높아졌을 때를 만조(밀물)라고 한다.
간조 바닷물이 밀려 나가 해수면이 가장 낮아졌을 때를 간조(썰물)라고 한다.
조석 주기 만조에서 다음 만조까지 걸리는 시간을 조석 주기라고 하며 약 12시간 25분이다. 따라서 만조와 간조는 각각 하루에 두 번씩 일어나며, 매일 50분 정도 늦어진다.

사리와 조금 만조와 간조 때 해수면의 높이 차는 항상 일정하지 않고 약 15일을 주기로 높아졌다 낮아졌다 한다.

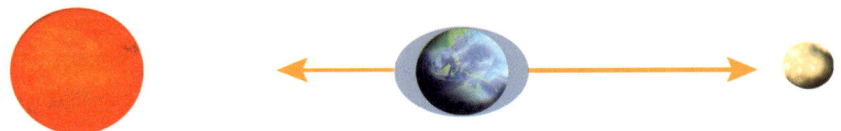

사리 만조와 간조 때 해수면의 높이 차가 가장 클 때를 사리라고 하며, 보름이나 그믐 때 일어난다.

조금 만조와 간조 때 해수면의 높이 차가 가장 작을 때를 조금이라고 하며, 달 모양이 반달(상현과 하현)일 때 일어난다.

04 해양 생물

수족관에 가면 바다 생물의 종류와 아름다움에 놀라고 맙니다. 세계 각지에서 온 형형색색의 물고기들이 수초 사이를 헤엄치고 있고, 한쪽에서는 말미잘이 촉수를 흔들며 먹이를 잡고 있습니다. 또한 거대한 상어와 거북도 정말 장관이지요. 바닷속 어장에 사는 생물들은 그 종류가 얼마나 되며 어떻게 살아가고 있을까요?

❶ 물속 생물의 분류

그런데 참 신기하지 않아?
뭐가?

저렇게 한 수조 안에 있는데 상어가 다른 물고기를 안 잡아먹잖아.

배부른가 보지.
뭔 소리야!
넌 배부르다고 안 먹니!

영배 말이 맞아.

상어는 필요 이상으로 먹이를 먹지 않아.

수족관에서는 일정한 시간에 충분한 먹이를 주니까, 다른 먹이를 찾지 않는 거야.
참, 아까 밥 먹었지.
휴~

흔히 물속 생물이라고 하면 여기저기 헤엄치는 물고기만 생각하지만

물속에는 헤엄치는 동물 말고도 수많은 생물이 살고 있어.

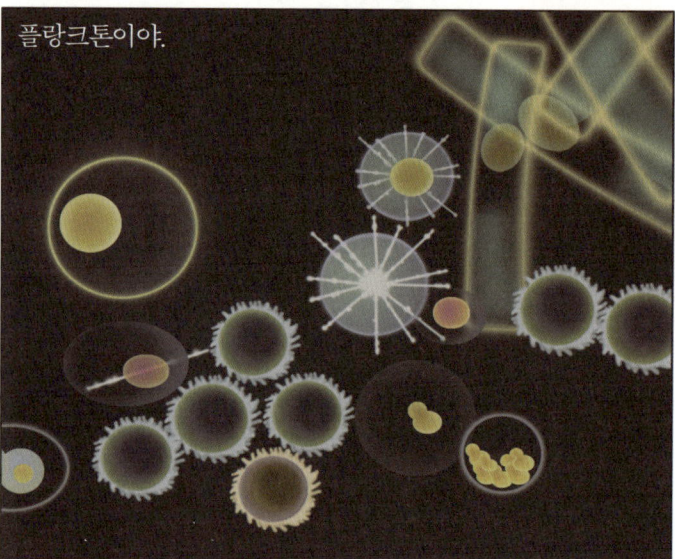

오징어·거북·고래처럼 물의 흐름과 상관없이 자유롭게 헤엄치는 생물들이 여기에 속해.

여러 가지 바다 생물

❷ 심해의 생물들

대부분의 물고기는 빛이 잘 들어오고 수압이 별로 높지 않은 수심 200m 이내의 바다에서 서식해.

그러나 수심 200m에서 1만 1,000m 깊이의 심해에도 생물이 살고 있지.

심해는 대부분 수온이 낮고, 압력은 매우 높아.

빛이 투과하지 못하므로 아래로 내려갈수록 어두운 색의 물고기나 식물이 살지만 먹이의 수가 항상 부족해.

내 거야! 무슨 소리!

심해어는 수압을 견디기 위해 매우 느린 속도로 헤엄치며

인생 뭐 있어? 천천히~ 천천히~

크기는 대부분 작지.

엇? 이 덩치 큰 녀석은 뭐냐?

❸ 바다 농장과 바다 목장

무지개송어는 바다에서 기를 경우 민물에서 기를 때보다 빨리 자란다고 알려졌어.

인공 어초
수산 동물을 끌어 모으고, 보호·배양하기 위해 바닷속에 콘크리트 구조물을 비롯하여 암석이나 폐선 등의 구조물을 설치한 것이다.

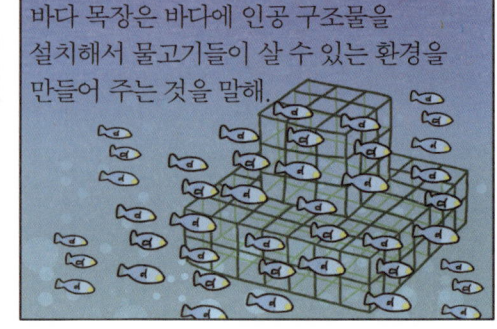

바다 목장은 해양 생태계나 연안 자원을 체계적으로 관리하기 쉽고

어업에 종사하는 사람들의 소득 증대와 수산물의 안정적인 공급을 꾀할 수 있지.

올해도 풍어일세~

덕분에 잘 먹고 있습니다.

삼면이 바다이고, 세계 11위의 수산물 생산국인 우리나라로서는 중요한 사업이라고 할 수 있어.

바다 목장
바닷속에 물고기들이 살 수 있는 환경을 만들어 물고기를 양식하는 어업을 말한다. 청정 해역에 인공 어초를 설치하고 먹이를 공급하여 물고기를 기른 뒤 자연스럽게 어획할 수 있도록 유도하는 방법이다.

 과학 톡톡

해양 생물

바닷물 속에 사는 생물은 세 부류로 나눌 수 있다. 첫째는 헤엄칠 수 없는 생물로 플랑크톤이다. 물의 흐름에 따라 움직이는 이 생물들은 물에 떠서 생활하며, 보통 일정 깊이의 수심에서 살고 있다. 둘째는 물속을 제힘으로 헤엄치며 살아가는 생물이다. 상어·참치·가오리·오징어·거북 같은 어류가 여기에 속한다. 셋째는 바다의 바닥에 사는 저서성 생물이다. 말미잘을 비롯해 따개비·굴·홍합 같은 조개류 등이 여기에 해당한다.

1. 플랑크톤: 플랑크톤은 광합성을 하는 식물성 플랑크톤과 이들을 잡아먹고 사는 동물성 플랑크톤으로 구분된다. 플랑크톤은 번식력이 뛰어나 큰 물고기들에게 잡아먹혀도 금방 그 집단의 크기를 회복한다.

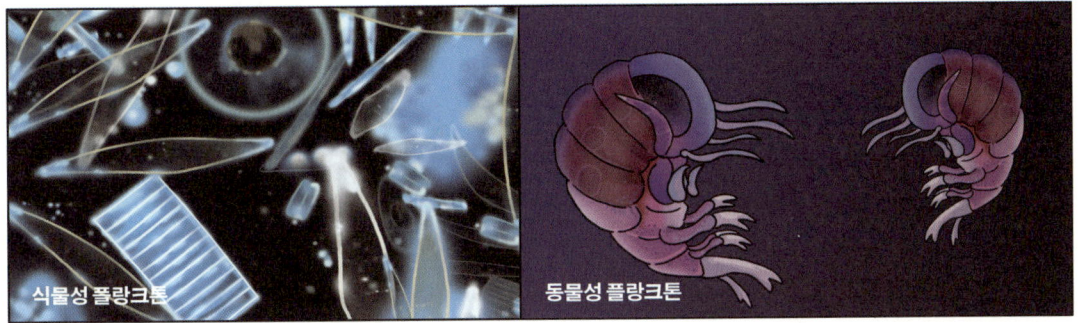

2. 물속에서 헤엄치며 살아가는 생물: 물속 생물 중에서 주요 소비자에 속하는 이들은 몸의 구조나 헤엄치는 방식 등은 서로 다르지만 물속에서 자유롭게 헤엄치며 이동할 수 있다는 공통점이 있다.

3. 저서성 생물: 저서성 생물에는 해초나 바닷가재처럼 바닥에서 사는 종류와, 갯지렁이와 게처럼 구멍을 파고 그 속에 사는 종류가 있다.

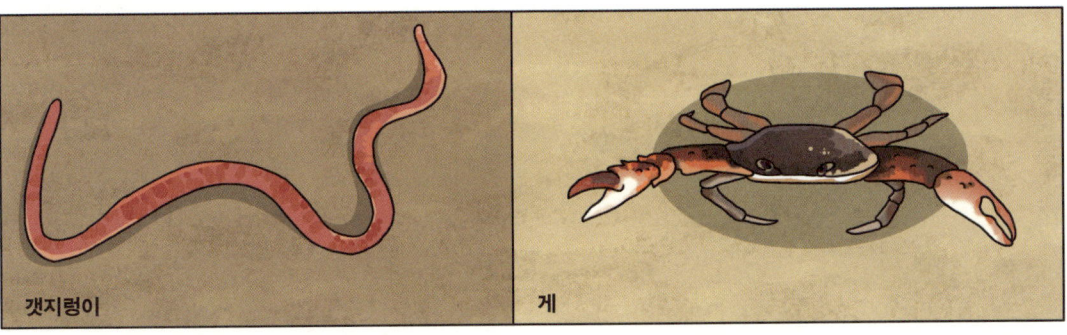

 교과서 밖 과학

극한 환경 속에서 생물들은 어떻게 살까?

해양 생태계에서 먹이 연쇄는 식물성 플랑크톤에서 시작하여 동물성 플랑크톤을 거쳐 어류로 이어진다. 그런데 이러한 생태계와 완전히 다른 형태의 생태계를 보여 주는 곳이 있다. 빛도 없는 깊은 해저의 혹독한 환경에서 살아가는 생물들의 세계이다. 그곳 환경은 어떨까?

해저의 깊은 바다에서는 지하의 마그마로부터 가열되어 뜨거운 물이 솟아오르는 지역이 있다. 이곳을 '열수구'라고 한다. 최고 420°C에 이르는 뜨거운 물이 솟아오르고 있으니 생물이 살 수 있는 환경이라고 보기가 어렵다. 게다가 열수구는 보통 수심 2,500~3,000km에 달하는 깊은 곳에 있기 때문에 압력 또한 매우 커서 지상 기압의 250~300배에 이른다. 이러한 상황에서는 사람이 견뎌 낼 수 없다. 또한 열수구에서 중금속이 뿜어져 나오고 있어 쉽게 중금속에 오염될 수 있다. 그런데도 열수구 부근의 생물들은 최악이랄 수 있는 이러한 환경에 적응하면서 살아간다. 오히려 연안 부근보다 더 많은 생물체가 발견된다.

열수구 부근의 온도가 100°C 내외인 지역에서 많은 생물체의 존재가 알려지고 있으며, 심지어 130°C 이상에서만 살고 있는 생물체도 있다. 보통 생물체를 구성하는 단백질은 80°C 정도면 제 기능을 발휘하지 못한다. 그런데도 고온의 환경에 적응하면서 살아가고 있는 것이다. 보통 열수구 주변에서는 길이가 2~3m이고 지름이 3~5cm에 이르는, 지렁이처럼 생긴 관벌레와 눈이 먼 새우나 게·조개 등 많은 생물이 번성하고 있다.

열수구 주변의 생태계에 적응하고 있는 생물들은 특이한 생태계를 구성한다. 이 지역은 화산 분출구에서 납·아연 등의 중금속 물질과 더불어 이산화 탄소와 황화 수소 등이 뿜어져 나온다. 게다가 햇빛도 들어오지 않는다. 따라서 육상에서와 같은 녹색 식물로 구성된 생산자를 기대할 수 없다. 광합성을 통한 에너지 생산을 기대할 수 없는 것이다. 실제로 관

벌레나 조개류 등은 먹이를 먹지 않는다. 이 생물들은 체내의 독특한 박테리아와 공생한다. 이 박테리아는 황화합물을 분해할 때 발생하는 에너지를 이용하여 유기물을 합성할 수 있다. 결국 공생하는 박테리아에게서 에너지를 얻고 있는 셈이다.

과학자들은 이러한 심해 생태계의 독특한 구성으로부터 지구 생명의 신비를 벗겨 낼 수 있을 것으로 기대하고 있다. 산소가 없는 초창기의 원시 지구 환경은 현재 열수구 주변의 환경과 매우 유사할 것으로 추정된다. 따라서 이러한 혹독한 환경에서 생물체가 살고 있다는 사실은 원시 해양에서 생물체가 탄생한 것과 깊은 관계가 있다. 이러한 사실은 산소가 없는 외계의 천체에서도 생물이라 볼 수 있는 유기체가 존재할 가능성이 높음을 시사한다.

05 바닷속에 숨겨진 자원들

최근 세계 각국에서는 육지에 매장되어 있는 주요 자원이 고갈되어 가는 문제에 부딪히면서 각종 해양 자원 개발 계획을 추진하고 있습니다. 우리가 이용할 수 있는 해양 자원에는 어떤 것들이 있을까요?

❶ 인류 최대의 보물 창고, 바다

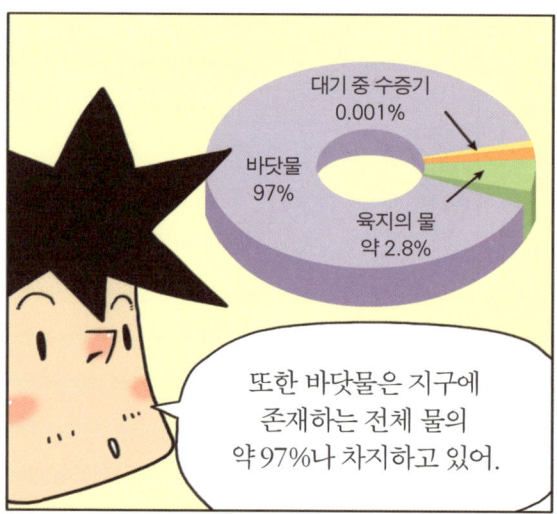

❷ 바닷물에는 어떤 물질이 얼마나 녹아 있을까?

짠맛에서 알 수 있듯이 바닷물 속에 가장 많이 들어 있는 성분은 소금을 구성하는 염소(Cl)와 나트륨(Na)이다. 그 밖에 마그네슘·칼슘·칼륨·황산염 등이 많은 비율로 들어 있는데, 이들 물질이 전체 녹아 있는 물질의 약 99% 이상을 차지한다. 그리고 금·백금·우라늄·리튬 등 지구상에 존재하는 원소의 대부분이 적은 양이나마 들어 있다. 다시 말해, 바닷물은 지구상의 각종 물질을 우려낸 일종의 '지구차(earth tea)'라고 할 수 있다.

그러나 바닷물 속에 매우 적은 비율로 들어 있는 원소라도 바닷물의 총량이 1.4×10^{18}t이나 되기 때문에, 그 총량을 계산한다면 엄청난 양이다. 예를 들어, 바닷물 1t 속에는 금이 약 0.005mg이라는 매우 적은 양이 들어 있지만 전체 바닷물 속에 들어 있는 금을 모두 추출해 낸다면 약 70억kg이 넘는 막대한 양이 된다. 실제로 바닷물에 금이 들어 있다는 사실을 알고 바닷물에서 금을 채취하려는 시도가 있었으나 아직은 경제적인 측면에서 비효율적이라 시도하지 않고 있다.

바닷물 속에 들어 있는 물질 중에서 현재 상업적인 목적으로 추출되고 있는 것은 소금·브로민·마그네슘 등이다. 또한 미래의 첨단 산업에서 꼭 필요한 원소인 붕소·몰리브데넘·리튬 등의 물질을 추출하는 연구도 진행되고 있다.

❸ 무궁무진한 바다의 자원들

에너지 자원으로는 바닷물을 이용한 전기의 생산을 들 수 있겠지. 여기엔 조수 간만의 차를 이용한 조력 발전, 파도를 이용한 파력 발전, 해류를 이용한 해류 발전 및 바닷물의 온도 차를 이용한 온도 차 발전 등이 있어. 초기 건설 비용이 많이 들지만 환경 오염 피해가 없고 무한히 재생된다는 장점 때문에 미래에는 지구 환경 보호를 위해 많이 이용될 거야.

무형 자원은 항구와 항만 연안의 양식장, 간척지 및 바다 도시, 해저 도시 등으로 이용할 수 있는 공간을 말해.

우리나라는 국토가 좁고 인구 밀도가 높은 반면

삼면이 바다로 둘러싸여 있어 바다를 이용하기에 좋은 조건을 갖추고 있지.

지금까지는 바다 공간을 이용하기 위해 주로 해안의 얕은 곳을 메우는 방법을 썼어.

하지만 이런 방법은 갯벌을 사라지게 하고 해양 생태계를 파괴하는 문제를 일으켰지.

망가니즈 단괴가 금?

현대 문명의 비약적인 발전으로 육지에 매장된 광물 자원이 점차 고갈되어 가고 있다. 이 문제를 해결하는 방법의 하나로 사람들은 바닷속에 있는 막대한 양의 심해저 광물 자원을 개발하려는 계획을 진행하고 있다. 수심 3,000m 이상의 심해저에 존재하는 자원으로 현재 세계 많은 나라의 관심을 받고 있는 것이 망가니즈 단괴이다.

미래 자원으로 불리는 망가니즈 단괴는 1875년 챌린저호의 과학자들이 처음 발견한 이래 순수한 과학적 연구만 이루어지다가, 1950년대에 광범한 탐사를 통해 바다 밑에 널리 존재한다는 사실이 알려졌다. 대부분 지름 3~25cm 크기의 감자 모양을 하고 있으며, 바닷물이나 바다 밑 퇴적물에 있는 금속 성분의 물리·화학적 작용에 의해 생긴다. 나이테를 그리며 성장하는 망가니즈 단괴는 바다 밑에 천천히 가라앉아 생기며, 100만 년에 1cm 정도 커져 성장 속도가 매우 느린 편이다.

망가니즈 단괴에는 망가니즈·니켈·코발트·구리 등의 금속 외에 40여 종의 유용한 광물들이 포함되어 있다. 특히 육지에서 캐내는 광물에 비해 순도가 높고 첨단 산업의 재료로 쓰이는 광물을 많이 함유하고 있어 '검은 황금'이라 불리기도 한다. 우리나라는 이러한 금속을 대부분 수입에 의존하고 있는데, 이들 자원을 안정적으로 공급받을 수 있는 기반을 확립하기 위해 1983년부터 심해저 광물 자원 탐사를 시작했다. 그 결과 국제 연합으로부터 망가니즈 단괴가 가장 풍부하고 함유 금속의 순도가 가장 높은 곳으로 평가받는 태평양의 클라리온-클리퍼턴 해역(일명 C-C 해역) 15만km²를 단독 개발 광구로 할당받아 정밀 탐사를 수행하고 있다. 앞으로 이 C-C 해역의 망가니즈 단괴 개발을 통하여 망가니즈·니켈·코발트·구리 등 품질이 뛰어난 광물 자원을 안정적으로 공급받을 수 있을 것으로 기대하고 있다.

 **과학 톡톡**

해양 자원 이용하기

지구 표면의 75%를 차지하고 있는 바다를 이용하는 방법에는 크게 바다의 에너지·광물 자원·생물 자원·환경 자원의 활용이 있다.

1. 바다의 에너지
바다에서 일어나는 밀물과 썰물, 바닷물의 흐름, 파도의 힘, 표층 해수와 깊은 바다의 온도 차이 등을 이용하여 전기를 생산할 수 있다. 조력 발전, 조류 발전, 파력 발전, 온도 차 발전 등이 이에 해당한다.

2. 광물 자원
수심 3,000m 이상인 심해에는 망가니즈 단괴가 매우 많이 존재한다. 이들 망가니즈 단괴로부터 망가니즈·니켈·구리·코발트 등 귀중한 금속을 추출할 수 있다. 또한 석유의 채굴 가능한 양 가운데 30% 정도가 바닷속에 있는 것으로 추정되는데, 해양에 있는 석유의 60% 이상은 아직 발견되지 않았다.

 **해양 자원**

3. 생물 자원
해양의 각종 생물 자원들은 예로부터 인류의 중요한 식품 중 하나로 큰 몫을 담당해 왔다. 오늘날 각종 해양 생물 자원들은 미래의 단백질 공급원으로 각광받고 있는데, 세계 각국은 인간의 힘으로 해양 생산 능력을 더욱 높임으로써 생물 자원의 생산 잠재력을 향상시키고자 노력하고 있다.

4. 해양 환경 자원
지구 표면적의 75%를 차지하고 있는 해양 공간 자원을 이용하여 인공 섬이나 해양 도시를 건설할 수 있으며, 생활에서 오는 심신의 피로를 풀어 주고 활력을 되찾게 해 주는 레크리에이션 공간으로의 활용도 빼놓을 수 없다.

세상을 빛낸 과학, 과학자들

현대의 과학

제2차 세계 대전을 계기로 과학 분야에서도 다양한 연구가 이루어졌다. 레이더·합성고무·DDT·핵분열·제트기·탄도탄·컴퓨터 등은 제2차 세계 대전과 함께 등장했다. 이러한 것들은 일상생활을 바꾸어 놓았으며, 사회에도 큰 변화를 가져왔다. 그러나 전쟁과 관련이 적은 분야의 연구는 전쟁 기간 동안에는 주춤할 수밖에 없었다. 이러한 분야는 전쟁이 끝난 뒤에야 비로소 비약적인 발전을 이루었다. 그중에서 특히 생물학 분야는 눈부시게 발전했다. 왓슨과 크릭이 DNA의 구조를 밝혀내자 유전 공학이 등장했다. 유전 공학을 이용하여 병든 사람에게 필요한 단백질을 생산할 수 있게 되었으며, 장기 이식도 가능해졌다.

화학의 발전과 더불어 개발된 다양한 물질은 처음에는 인류에게 유용하게 이용되었다. 하지만 생각지 못했던 수많은 부작용을 낳기도 했다. 제초제와 살충제의 부작용으로 하천과 야생 생물이 죽어 갔으며, 프레온 가스는 오존층을 파괴했다. 또한 공장과 자동차에서 나오는 배기 가스는 산성비를 내리게 했다.

물리학자들은 제2차 세계 대전 말에 핵폭탄 두 개를 폭발시켰는데, 과학자들조차 놀랄 정도로 파괴력이 엄청났다. 그 결과 큰 피해를 가져왔고, 이후 원자 폭탄은 인류의 생존을 위협하는 가장 무서운 파멸 도구가 되었다. 전쟁이 끝난 뒤 각국에서는 핵물리학과 소립자 물리학에 엄청난 돈을 쏟아부었다.

현대 과학 분야에서는 지식과 정보가 하루가 다르게 쏟아져 나오기 때문에 한 사람이 한 가지 과학 분야조차 제대로 해내기 어렵다. 따라서 자연스럽게 과학의 전문화가 이루어졌다. 하지만 인접한 학문과 결합하는 일도 많아졌다. 천문학과 물리학이 합쳐진 천체 물리학, 물리학과 생물학이 결합한 생물 물리학이 등장했고, 화학과 물리학 또는 생물학과 화학이 서로 결합하는 등 사실상 모든 과학 분야가 인접 학문과 결합을 시도했다. 이와 더불어 과학자들이 모여서 공동으로 연구하는 경향이 일반화되어 갔다. 실험 도구가 너무 비싸 각자가 모든 장비를 갖춘다는 것이 불가능해진 것도 그 이유 중의 하나이다.

DNA 구조 발견의 숨은 공로자, 로잘린드 프랭클린

많은 과학자가 20세기 과학의 가장 위대한 업적 중 하나로 DNA 이중 나선 구조의 발견을 꼽는다. DNA 이중 나선 구조를 발견한 사람은 왓슨과 크릭이다. 1953년 스물세 살의 왓슨과 서른네 살의 크릭은 DNA의 이중 나선 구조를 발표했다. 당시까지 DNA라는 물질이 유전자의 핵심이라는 증거는 많이 나와 있었지만, 그들의 발견은 이 사실을 결정적으로 증명해 보인 것이다. 이 공로로 두 사람과 윌킨스는 1962년 노벨 생리 의학상을 받았다.

하지만 이들이 DNA의 구조를 발견하는 데 결정적인 역할을 한 사람은 로잘린드 프랭클린(1920~1958)이다. 로잘린드 프랭클린은 1920년 영국에서 태어나 1945년 케임브리지 대학교에서 박사 학위를 받았다. 당시 그녀는 DNA가 이중 나선일 가능성이 있다는 결정적 증거를 제공하는 X선 사진을 얻어 냈다. 그러나 확실한 증거를 찾기 위해 발표를 미루고 연구를 계속했다.

그러는 사이에 그녀의 동료였던 윌킨스는 허락 없이 그녀의 사진들을 분석했고, 그것들을 왓슨과 크릭에게 보여 주었다. 프랭클린은 자신의 연구 기록이 유출되고 있다는 사실을 전혀 몰랐다. 왓슨과 크릭은 프랭클린이 찍은 DNA의 X선 사진을 결정적 단서로 이용하여 DNA의 이중 나선 구조를 발견한 것이다.

하지만 'DNA 이중 나선 구조' 발견에 핵심 역할을 한 사람은 분명 로잘린드였다. 영국 정부는 이 비운의 여성 과학자를 기리기 위해 '로잘린드 프랭클린 상'을 제정해 우수하고 업적이 탁월한 여성 과학자에게 상을 수여하고 있다.

전자를 발견한 톰슨

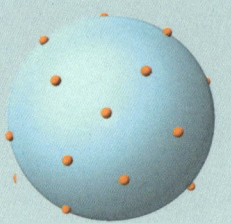

톰슨(1856~1940)은 1856년 영국에서 태어났다. 그의 아버지는 맨체스터 근교에서 서적을 판매했다. 톰슨은 열네 살에 오웬스 칼리지에 들어갔다. 당시 대부분의 대학과 달리 오웬스 칼리지는 몇몇 실험 물리학 강좌를 개설했는데, 톰슨에게는 행운이었다. 1876년 톰슨은 장학금을 받고 케임브리지 대학교 트리니티 칼리지에 입학했다.

톰슨은 물리학의 역사에서 매우 중대한 시기에 물리학을 연구하기 시작했다. 당시 과학자들은 방전관에서 나오는 음극선의 정체를 밝히는 연구에 몰두해 있었다. 1897년 톰슨은 연구를 통해 음극선이 음전하를 띤 작은 입자로 이루어져 있다는 사실을 알아냈다. 나아가 톰슨은 모든 물질에는 전자가 포함되어 있고, 전자는 원자보다 훨씬 더 가볍다는 결론을 내렸다. 전자가 모든 종류의 물질 속에 존재한다는 톰슨의 결론은 이후 더욱 강화되었는데, 그는 전자가 다른 방법을 통해서도 만들어질 수 있다는 것을 발견했다. 예를 들어 어떤 금속에 강한 빛을 쪼어 주면 금속의 표면에서 전자가 튀어나오는 현상을 들 수 있다. 이와 같이 톰슨은 처음으로 원자를 쪼개고 그곳에서 전자를 분리해 낸 사람이라 할 수 있다.

19세기 말에 이르러 대부분의 과학 분야에서 톰슨의 발견을 받아들였고, 그는 업적을 인정받아 1906년에 노벨 물리학상을 받았다. 1908년에는 기사 작위를 받았으며 1909년에는 영국 과학진흥협회의 회장이 되었다.

톰슨은 연구 자체에만 몰두한 과학자는 아니었다. 그는 과학자로서 유용한 연구 결과를 많이 내는 동시에 캐번디시 연구소의 매우 성공적인 관리자이기도 했다. 그는 자신의 연구뿐 아니라 다른 사람들의 연구를 고무시켰다. 1895년에서 1914년 사이에 세계 각국에서 많은 과학자가 톰슨의 연구소로 몰려왔고, 그 밑에서 연구한 뒤 많은 사람이 교수가 되었다. 그리고 그의 제자들 중 7명이 노벨 물리학상을 받았다.

톰슨은 가르치는 의무를 매우 진지하게 여겼으며 정규적으로 오전에는 초급반 강의를, 오후에는 대학원 강의를 했다. 그는 가르치는 일이 기본 개념을 다시 한 번 생각하게 해 주기 때문에 연구자에게 도움이 된다고 여겼다. 또한 톰슨은 새로운 연구 분야에 참여하려는 학생에게 기존의 연구 결과를 먼저 읽고 시작하는 것을 권하지 않았다. 연구 결과를 읽기 전에 자신의 개념을 명확하게 하는 것이 현명하다고 생각했는데, 그렇게 해야 자신의 생각에 변화를 줄 만큼 크게 영향을 받지 않고 다른 사람의 연구 결과를 읽을 수 있다고 생각한 것이다.

톰슨은 과학 분야뿐 아니라 정치·신간 소설·드라마·대학 스포츠 등의 광범위한 분야에도 관심을 보였다. 물리학 이외에 그가 가장 큰 관심을 가졌던 과학 분야는 식물이다. 그는 시골길을 오래 걷곤 했는데, 특히 케임브리지 근교의 언덕을 산책하면서 자신의 정원을 꾸미기 위해 희귀한 식물 표본을 찾기도 했다.

1918년 톰슨은 트리니티 칼리지의 학장이 되었고, 죽을 때까지 자리를 지켰다. 톰슨은 원자 물리학을 현대 과학으로 정착시킨 인물로 평가받고 있다. 오늘날까지도 계속되고 있는 원자핵에 대한 연구와 더 나아가 소립자들을 확인해 내는 일은 모두 전자 발견에 뒤이어 일어난 일이다.

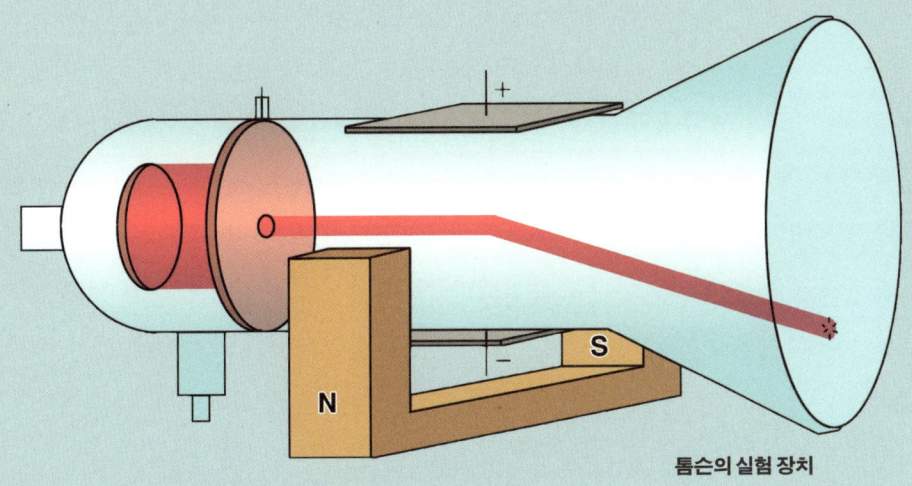

톰슨의 실험 장치

공기로 비료를 만든 과학자, 하버

하버(1868~1934)는 1868년 독일에서 태어났다. 어머니는 하버가 어릴 때 돌아가셨고, 아버지는 유명한 상인이었다. 1886년에 하이델베르크 대학에 입학해서 1891년에 졸업했고, 같은 화학자인 아내 클라라와는 1901년에 결혼하여 1902년에 아들을 낳았다.

하버는 실력이 뛰어났지만 유대인이라는 이유로 졸업 후 바로 대학에서 조교 자리를 얻지 못했다. 처음에는 아버지의 사업을 도왔고, 스위스 연방기술연구소에서 근무하다가 서른 살이 되어서야 간신히 조교로 채용되었다.

1906년 화학 교수가 되었을 때 그의 관심은 공기 중의 질소를 화합물로 합성하는 데 있었다. 질소는 농작물의 생장에 필요한 양분이다. 질소는 공기 성분의 80%를 차지할 정도로 많

이 존재하지만, 비료로 이용하려면 식물이 흡수할 수 있는 화합물의 형태가 되어야 한다. 따라서 당시에는 자연에서 나오는 칠레산 초석(질산 칼륨)에서 얻은 암모니아를 비료로 이용했다.

당시의 과학자들은 공기 중에 있는 질소를 이용하는 방법을 찾고자 많은 시도를 했다. 톰슨이 제안한 방법은 200기압이라는 고압과 550℃라는 높은 온도에서 질소와 수소를 반응시키는 것이었다. 하지만 고온·고압에 견딜 수 있는 장치를 만드는 것은 쉬운 일이 아니었다. 이 장치를 개발한 사람은 독일의 화학자 보슈였다. 그는 고온·고압을 견디는 반응 장치를 만들어 하버가 연구한 암모니아 합성법을 공업화하는 데 성공했다. 이 반응 장치의 성공으로 하버와 보슈는 수소와 질소를 이용해 암모니아를 합성했다. 두 사람은 암모니아 합성법 성공으로 독일뿐 아니라 세계의 식량 증산에 기여했다. 이 업적으로 하버와 보슈는 각각 1918년과 1931년에 노벨 화학상을 받았다.

두 사람이 암모니아 합성에 성공한 이듬해인 1914년 말, 제1차 세계 대전이 일어났다. 전쟁에는 화약이 대량으로 필요했는데, 암모니아가 있으면 질소 비료는 물론 화약의 원료가 되는 질산 칼륨도 만들 수 있었다. 제1차 세계 대전이 계속된 5년이라는 긴 시간 동안 암모니아 합성법은 결과적으로 전쟁을 도운 셈이 되었다.

　독일은 제1차 세계 대전 중 이플 전투에서 황백색의 염소 가스를 사용해 프랑스 병사 5,000명 이상을 죽인 일이 있다. 이것이 역사상 최초의 독가스전이었다. 이 독가스전의 기술 분야를 담당한 사람이 바로 하버였다.

　그는 독가스를 무기로 사용해서 전쟁을 빨리 끝내면 많은 사람을 구할 수 있다는 엉뚱한 논리로 다른 과학자들을 설득하여 전쟁에 끌어들였다. 같은 화학자였던 아내는 독가스 전쟁의 비참함을 알고 하버에게 화학전에서 손을 떼라고 했지만 하버는 이를 듣지 않았다. 하버가 전쟁터로 떠난 날 밤, 그의 아내는 스스로 목숨을 끊었다. 이플 전투 후 영국과 프랑스군도 염소 가스로 독일군에 보복했다. 이에 따라 양쪽 진영은 서로 우수한 과학자를 동원하여 독가스 제조에 혈안이 되었다. 나중에는 염소 가스보다 독성이 10배 이상인 물질이 개발되기도 했다.

　전쟁이 끝난 뒤 독일에서 나치가 권력을 잡자 유대인에 대한 박해가 가해졌다. 이에 하버는 독일을 떠나 영국, 스위스 등지를 떠돌다가 1934년에 쓸쓸하게 세상을 떠났다.

인공 지능의 예언자, 튜링

튜링(1912~1954)은 1912년 영국 런던에서 태어났다. 어린 시절부터 과학에 흥미가 많았으나, 싫어하는 과목은 전혀 공부를 하지 않아 학교 성적은 좋지 않았다. 그러나 친한 친구의 죽음을 계기로 열심히 공부하여 케임브리지 대학교의 킹스 칼리지에 합격했다. 그 후 미국으로 건너가 프린스턴 대학교에서 박사 학위를 취득했고, 영국으로 귀국한 뒤 수많은 업적을 쌓아 과학사에 위대한 발자국을 남겼다.

튜링이라는 과학자를 아는 사람은 많지 않다. 하지만 튜링 머신이나 튜링 테스트는 유명하다. 튜링 머신은 1930년대 튜링이 제안한 상상 속의 계산기 모델로 실제 기계가 있었던 것은 아니다. 이 가상의 계산기는 현대 컴퓨터와 프로그램이 작동하는 원리를 설명하는 추상적인 수학 모델이었다. 그 결과 존 폰 노이만을 비롯한 과학자들이 수많은 계산 방식을 자동으로 수행하는 디지털 컴퓨터의 핵심에 접근할 수 있었다.

1950년 튜링은 기계가 인간과 비슷한 지능을 갖는지를 알아내기 위한 일종의 게임을 제안했다. 이것이 튜링 테스트이다. 튜링 테스트에는 세 주체가 참여한다. 인간과 기계, 심판관이다. 심판관은 인간과 기계를 시각적으로 구별하지 못하도록 분리되어 있다. 심판관은 키보드와 터미널만으로 인간 혹은 기계와 채팅을 하면서 어떤 이가 인간인지, 기계인지 분별해야 한다.

만약 심판관이 인간과 기계를 확실히 구별하지 못한다면 그 기계는 튜링 테스트를 통과한 것이라고 볼 수 있다. 물론 인간과 기계는 최대한 인간인 것처럼 보여야 하며 대화는 소리가 아닌 텍스트 채팅만을 이용한다. 튜링은 테스트를 통과한 기계는 인간의 지능을 가진 것이라고 주장했고, 50년쯤 지나면 이 테스트를 통과하는 기계가 나올 것이라고 예언했다. 이 테스트는 인공 지능에 대한 사회적·학문적 관심을 이끌었으며 인공 지능 학문의 출발점으로 발전하게 되었다.

튜링이 이 테스트를 논문으로 소개한 지 50년이 지난 지금도 튜링의 테스트를 통과한 컴퓨터는 나오지 않았다. 하지만 컴퓨터의 가능성을 발견하고 그것을 인간의 이성과 비교하여 독자적인 테스트를 고안한 튜링의 발상은 참으로 놀랍다. 튜링의 연구 성과는 그가 죽은 뒤에도 계속 주목받았다. 튜링의 이름은 우수한 컴퓨터 과학자들이 받는 '튜링상'으로 남아 있다. 이 상은 '소프트웨어 분야의 노벨상'으로 불린다.

'튀는 유전자'를 발견한 매클린톡

매클린톡(1902~1992)은 1902년 미국에서 태어났다. 그녀는 1927년에 코넬 대학교에서 식물 유전학으로 박사 학위를 받은 뒤 옥수수의 유전을 연구하기 시작했다. 당시에는 대부분의 유전학자가 모델 생물로 초파리를 사용했지만, 코넬 대학교에서는 옥수수를 선호했다. 옥수수 알의 색깔이 유전의 흔적을 분명하게 보여 줄 뿐 아니라, 염색체도 커서 유전자를 현미경으로 연구하기에 편리했기 때문이다.

매클린톡은 옥수수를 연구하여 '튀는 유전자' 이론을 발표했다. 1941년에 그녀는 뉴욕 주의 콜드스프링하버 연구소로 옮겼는데, 이곳은 분자 생물학의 개척자들이 모인 곳으로 유명하다. 그녀는 옥수수의 알과 잎에 이상한 색의 점과 얼룩이 생기는 것을 보고, 색깔 유전자를 조절하는 것이 무엇일까 궁금했다. 그녀는 염색체 사이를 돌아다니는 유전 요소가 있다고 생각했다. 이것이 유전자에 들어오면 유전자가 켜지거나 꺼진다는 것이다.

1951년 매클린톡이 이 연구를 유전학계에 발표했을 때 과학자들은 관심을 갖지 않았다. 심지어 그녀가 제정신이 아니라고 말하는 사람도 있었다. 유전자는 중앙 지령실에 꼼짝 않고 자리를 지키며 일방적으로 지시하고 명령을 내리는 존재라고 확신하던 사람들에게 "생명은 끊

임없는 소통을 통해 스스로를 조절한다."는 그녀의 주장에 동조한 과학자는 아무도 없었다.

그러나 1970년대에는 매클린톡의 이론인 이동하는 유전 요소가 여러 생물에서 발견되어 '트랜스포손'이라 불렀다.

유전자의 '자리바꿈'은 모든 생명에서 벌어지는 현상이라는 것이 그녀가 작업을 완료한 지 30여 년이 흐른 뒤 비로소 확인되었다.

매클린톡은 어린 시절부터 객관성을 갖추기 위한 훈련으로 스스로를 잊는 연습을 했다고 한다. 객관성 훈련을 얼마나 열심히 했던지 학기말 시험 답안을 작성하다가 자기 이름을 기억하지 못했다는 일화도 있다. 또한 그녀는 현미경을 통해 무언가를 보고 있을 때 분명 그곳에 존재하지만 내 눈에 보이지 않는다면, 그것은 내 안의 다른 것이 눈을 가리고 있기 때문이라고 주장했다. 그래서 먼저 내 안의 문제를 치워 버리고 객관성을 확보한 뒤 다시 현미경을 들여다보면 비로소 그 미세한 존재들이 제 모습을 드러낼 것이라고 주장했다.

매클린톡은 '튀는 유전자'를 발견한 공로로 1983년에 노벨 생리 의학상을 받았다. 평소의 누추한 차림 그대로 노벨상을 받으러 온 그녀는 평생 독신이었지만 누구보다 행복하고 충만한 삶을 살았다고 자부하는 여든한 살의 할머니였다. 그녀는 노벨상 수상 연설에서 다음과 같이 말했다.

"나 같은 사람이 노벨상을 받는 건 참 불공평한 일입니다. 옥수수를 연구하는 동안 나는 모든 기쁨을 다 누렸습니다. 아주 어려운 문제였지만, 옥수수가 해답을 알려 준 덕에 이미 충분한 보상을 받았거든요."

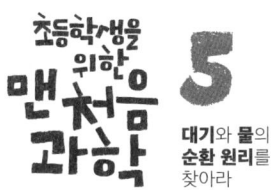

글 | 김태일
그림 | 마정원
원작 | 홍준의 · 최후남 · 고현덕 · 김태일

1판 1쇄 발행일 2008년 1월 28일
개정판 1쇄 발행일 2016년 9월 30일

발행인 | 김학원
경영인 | 이상용
편집주간 | 정미영
기획 · 편집 | 박민영 윤홍
디자인 | 김태형 유주현 최우영 구현석 박인규
마케팅 | 이한주 김창규 이정인 함근아
저자 · 독자서비스 | 조다영 윤경희 이현주(humanist@humanistbooks.com)
스캔 · 출력 | 이희수 com.
용지 | 화인페이퍼
인쇄 | 삼조인쇄
제본 | 정성문화사

발행처 | 휴먼어린이
출판등록 | 제313-2006-000161호(2006년 7월 31일)
주소 | (03991) 서울시 마포구 동교로23길 76(연남동)
전화 | 02-335-4422 팩스 | 02-334-3427
홈페이지 | www.humanistbooks.com

ⓒ 김태일 · 마정원, 2016

ISBN 978-89-6591-321-4 77400
ISBN 978-89-6591-315-3 (세트)

만든 사람들

기획 | 정미영(jmy2001@humanistbooks.com)
편집 · 스토리 | 고흥준
편집 | 정은미 윤홍
디자인 | 김태형 최우영 디자인시

◎ 이 도서의 국립중앙도서관 출판예정도서목록(CIP)은 서지정보유통지원시스템 홈페이지(http://seoji.nl.go.kr)와 국가자료
   공동목록시스템(http://www.nl.go.kr/kolisnet)에서 이용하실 수 있습니다. (CIP제어번호: CIP2016020478)
◎ 이 책은 저작권법에 따라 보호받는 저작물이므로 무단 전재와 무단 복제를 금합니다.
◎ 이 책의 전부 또는 일부를 이용하려면 반드시 저작권자와 휴먼어린이 출판사의 동의를 받아야 합니다.
◎ 사용연령 8세 이상 종이에 베이거나 긁히지 않도록 조심하세요. 책 모서리가 날카로우니 던지거나 떨어뜨리지 마세요.